成蹊小学校の教育

たくましい実践力が「深い学び」をつくる

成蹊小学校　[編著]

東洋館出版社

目　　次

- ◆ 本校のめざす学校～魅力あふれるたくましい人物の育成～ ……………………… 4
- ◆ 成蹊小学校の教育課程 ……………………………………………………………… 10
- ◆ 「たくましい実践力をはぐくむ」 ………………………………………………… 14

【国語科】 自分の考えをもち、読み進められる子どもを目指して ……………… 18

- 2年生 「説明文」 系統的指導で書く力を育てる ………………………………… 22
- 3年生 「物語文」 交流を通し、自分の読みを表現する ………………………… 24
- 6年生 「文学教材」 ものの見方・考え方を深め、豊かな感性を育む ………… 26
- 1～4年生 「読書」 「伝える力」と「探究心の芽」を育む読書の授業 ……… 28

【社会科】 見方・考え方を育てる社会科の授業 ………………………………… 30

- 3年生 「むかしのくらし」 道具を使って気づきを引き出す …………………… 34
- 4年生 「環境」 価値判断力を育成する社会科の授業 …………………………… 36
- 5年生 「防災」 資料が引き出す「深い学び」 …………………………………… 38
- 6年生 「歴史学習」 体験学習を生かした授業づくり …………………………… 40

【算数科】 算数科が大切にしてきたこと ………………………………………… 42

- 1年生 「繰り下がりのある計算」 対話を通して子どもの問いを引き出す …… 46
- 3年生 「分数」 試行錯誤を通して考える ………………………………………… 48
- 5年生 「円と正多角形」 日常場面を利用して考える …………………………… 50
- 6年生 「縮図の利用（拡大図と縮図）」 体験活動を通して考えることの面白さを味わう … 52
- 6年生 「速さ」 実験を通して考えの正しさを確かめる ………………………… 54

【理　科】 わかりやすい、楽しい理科をめざして ……………………………… 56

- **3年生**　「竹とんぼ」　自分で作ることの大切さ ……………………………… 60
- **4年生**　「ものの燃え方」　活きた知識を身につける ………………………… 62

【こみち科】 こみち科のめざすもの ……………………………………………… 64

- **2年生**　「ディベート・ドラマ」　身体を潜らせて学びを深める …………… 68
- **4年生**　「栽培学習」　じゃがいも栽培の学習 ………………………………… 70
- **5年生**　「エコバッグ」　私たちの生活と地球温暖化 ………………………… 72

【音楽科】 音の響きが子どもを育む ……………………………………………… 74

- **4年生**　「ドラムサークル」　即興演奏の力と、共に表現する楽しさを育む … 78
- **6年生**　「サンバ」　合奏の基礎を育むサンバの学習 ………………………… 80

【美術科】 手と心を動かして表現力を育む ……………………………………… 82

- **1年生**　「色彩の知覚」　色水遊び・色見本・福笑い・自画像 ……………… 86
- **6年生**　「自刻像をつくる」　自分をみつめる実践 …………………………… 88

【体育科】 "たくましい実践力"と体力―からだづくりと認識― …………… 90

- **3年生**　「組体操」　たくましい子どもの姿を求めて ………………………… 94
- **4年生**　「育ちゆく体とわたし」　真実に向き合い、自らが成長の扉を開くために … 98

【英語科】 自力でコミュニケーションを取るたくましさの育成 …………… 102

- **3年生**　「Beautiful Nature」　発表（spoken production）：相手と違う視点を持ち、
  自分の意見を述べる授業 ………………………………………… 106
- **2年生**　「My Family」
- **6年生**　「3分間英会話」　英会話(spoken interaction)：低学年で瞬発力、6年生は集大成 … 108
- **6年生**　「Sports Day」　内容言語統合型学習「SELP-CLIL アプローチ」 ……… 110

【成蹊小学校の豊かな教育】

- ●国際学級　国際学級の取り組み……………………………………………………112
- 1〜3年生　夏の学校　仲間とともに過ごす学び………………………………………116
- 4年生　夏の学校　「実際に」の大切さ……………………………………………118
- 5年生　夏の学校　鍛錬の力を育む自然と山登り…………………………………120
- 6年生　夏の学校　水泳訓練を通して心身を鍛える〜人生の糧となる大きな学びを〜………122
- ●オーストラリア体験学習　オーストラリア体験学習…………………………124
- ●日記指導　「こころの力」を育む日記指導………………………………………128
- ●図書館　読書活動を支援し、自学自修の拠点を目指す「学校図書館」……………132
- ●学校行事　楽しさと鍛錬の遠足……………………………………………………134
- ●凝念・心力歌　自学自習をめざして〜「凝念」と「心力歌」を主体的に学ぶ〜………138

◆おわりに…………………………………………………………………………………142
◆執筆者・職員一覧………………………………………………………………………144

本校のめざす学校
～魅力あふれるたくましい人物の育成～

　本校のめざす教育は、校名に象徴されている。「成蹊」という校名は、中国の歴史書『史記』の作者である司馬遷が、李廣という人物を讃えた有名な一節「桃李不言下自成蹊」が由来となっている。「桃や李は何も言わないけれども、美しい花や美味しい実にひかれて人は集まり、樹木の下には自然と道ができる。」桃や李は人格のある人のたとえで、つまり、そういう徳のある人には、その徳を慕って人々が集まってくるという意味である。成蹊小学校では、魅力あふれるたくましい人物を育みたいという思いが、100年を超えて脈々と受け継がれている。本校の教育の具体的な内容を、次の3観点から記していきたい。

　　1　めざす子どもの具体像
　　2　100年の伝統を超えて追求し続けている教育活動
　　3　新しい時代に対応する力の追求

1　めざす子どもの具体像～個性的で、たくましく、やさしい人～

1　世のため人のために役立つ徳のある人
　創立者中村春二は、全身全霊を傾けて教育活動に励んだ。その中で、多くの教育論や言葉などを残している。建学の精神である「実践力を重視した人間教育」を補足するように、「一身の栄のみ念ぜず、常に世の為、人の為に思いを致すべし」という言葉を残している。

2　ものの役にたつ人
　成蹊小学校は1915（大正4）年4月に開校した。創立者中村春二は1年を振り返って、「成蹊小学校の設立のねらい」を次のように述べている。

> 　子供は、もちろん可愛いにちがいありません。可愛いからこそ、しっかり鍛錬して、物の役に立つように仕立てあげねばならないのです。何事にも自奮自励の精神をもって当たらしめ、自分のための教育だということを、小さい時からしっかり会得させたいと思います。教育は自分自身の発達進歩のために、自分から進んで受くべきものだということが、本当に分かりさえすれば基礎の教育は成功したと思ってよいと思いま

す。ですから、自学自習の習慣を確立させるということが、小学校教育の根底です。この根底をつくるのが、我が成蹊小学校の使命であると考えます。これができぬほどならば、こういう特別な学校を設立する必要はないのです。

3　たくましい実践力をもった人

「理想的人間像」が1957年に作成され、1975年には修正が加えられて、現在でも成蹊小学校のめざす方向を示している。

理想的人間像の10項目を貫いて望まれるものが、"たくましい実践力をもった人間"である。

4　個性的な人

1989年に作成された現行の教育課程の教育目標は、「ゆとりある学校生活のなかで、個性的な子どもを育てる」である。本校が考える個性的な子どもの姿とは、「自立、連帯、創造」の力を兼ね備えた子どもである。

- 自立…「私の考え」を持ち表現できる子ども
- 連帯…集団の中で自分を活かすことのできる子ども
- 創造…生活の中で創意工夫できる子ども

「自立する力」は、自ら考え、行動する力である。生活においても学習においても、まずは自分でを基本とし、6年間を通じてその力を伸ばしていく。「連帯する力」は、集団の中で自分を活かしていく力である。単に周囲に合わせるのではなく、友達の気持ちを考え、自分のしたいことやすべきことを見つけて行動していく。「創造する力」は、好奇心を自己表現に変えていく力である。蓄えた知識を存分に活用して、楽しくて魅力ある生活を創り出していく。

＜中村春二語録＞

徳は孤ならず、必ず隣あり。

やさしい心は機械の油

常に謙虚たれ。傲慢は敗者たることを思え。

Ⅱ 100年の伝統を超えて追求し続けている教育活動〜深い学びと鍛錬教育〜

　成蹊小学校は、2015年度に創立100周年を迎えることができた。卒業生は10,000人を超えている。こうした歴史を支えている教育は、大きく次の2つに括ることができる。
　1　たくましい心と体の育成
　2　深い学びの追求

1　たくましい心と体の育成

①心を鍛える「凝念」

　凝念とは、創立者の中村春二が考案した精神集中法である。手を重ね左右の親指を合わせて桃の実の形を作り黙想する。静かな精神集中で自分と向き合い、心の力を養う。人格教育の一環として、100年以上前の創立当初から実施し続けており、現在では、朝の会・帰りの会、授業、給食などの開始時や、行事（始業式、入学式、終業式、卒業式など）でも行っている。凝念を行うことで、子どもたちは心が整理され、清々しい気持ちで物事に臨むことができている。

②自分を見つめて綴る「日記」

　日記指導も創立当初から現在まで続けられている伝統の指導方法である。子ども自身が毎日の自身の生活を見つめて思ったことや感じたことなどを綴ることで、考える習慣を養っている。また、自分の成長を振り返ることが出来て、新たな目標に向かって歩むこともできている。さらに、文章を綴ることでコミュニケーション力の基礎を身につけるとともに、教師のあとがき（感想やアドバイスなど）を通じて、師弟の絆を深めることもできている。

③心身を鍛える「夏の学校」

　創立当初、成蹊小学校は夏休みを廃止して、「夏の学校」を行った。
　心身の鍛錬の重要性を唱えた創立者中村春二は、夏こそ子どもを鍛えるのに絶好の機会であると位置づけて、子どもたちの精神を修養し、心身の鍛錬を試みた。第1回の夏の学校では、学校内だけではなく、更なる自然を求めて、「転地夏の学校（御殿場での7日間のテント生活）」も行われた。この転地夏の学校が、現在学校を離れて行う教育的宿泊行事「夏の学校」の原型となっている。全学年で親元を離れて子ども同士の共同生活を体験させることは、自主・自立の精神を養うばかりでなく、登山や遠泳などを通して自らの身体を鼓舞してやり遂げる力を養うことができる。また、さまざまな発見や感動に出会い、豊かな感性を育んでいく。さらに、仲間同士や師弟間の絆が強く育まれていく。
　とくに、6年生の夏の学校（南房総岩井…5泊6日）では2kmの遠泳への挑戦があり、夏の学校の集大成として位置づけられている。毎年、小学校の卒業生を中心とした有志で

組織された水泳師範団（例年約70名）の強力なサポートのお陰で、子どもたちは自身を鼓舞して泳ぎ切る大きな達成感を味わえている。

コップを児童にみたてて、それぞれの個性を考えた教育が必要であると、中村春二は唱えた。「個性尊重のための少人数教育」が、創立以来守り続けてきている創立者の理念である。

コップの中を見よ

2　深い学びの追求
①創立以来続く栽培学習

　本校には、独自の総合的学習である「こみち科」の授業が行われている。この教科の歴史は古く、1915年の創立以来行われていた「園芸」や1950年度より実施された「生活単元学習」、「生活学習」が前身となっている。1991年度から低学年のみで実施していた「こみち科」を2004年度から全学年で取り組む総合的学習に再編成し、現行の「こみち科」が始まった。自然に親しんだり、身の回りの事物や現象に興味・関心を持って探求したり、集団の中で協調しながら自分を表現したりと、成蹊らしい個性的な子どもを育むことを目標としている。例えば「栽培」という授業では、「土づくりをして、種を撒き、育て、収穫し、調理し、食べる」というように、体験を通して知識が途切れることなく連携しながら幅広く深い学びが展開される。この学びは、日々口にする野菜が、汗を流して働いた人のお陰であるという気づきにも転移していく。こうして育まれた知恵は、豊かな着眼点から問題を解決していく能力の土台になると考えている。

②専科制と教科担任制

　創立直後から、「園芸」や「美術」「英語」などに専科教員が配置された。専門を活かした質の高い授業が追求されてきているのである。その流れの中で、5・6年学年内教科担任制が約50年も前から導入されている。

2015年度には、5・6年学年内完全教科担任制が導入された。5・6学年の国語・社会・算数・こみちの4教科について、同学年の4人の学級担任がそれぞれ担当することとなった。確かな学力を育むためである。

③教科部の研究

　教科担任制の導入によって、より専門的な充実した指導を行うべく、各教科研究部でも活発な研究活動が行われている。現在では、国語・社会・算数・こみちなどの教科では、教科ごとに自主的に授業研究を行っている。また、独自の教材づくりにも励んでいて、国語科では独自の教科書を作成することができている。算数科では、「こみちの算数」、社会科では「学習プリント」というオリジナルのプリントを作っている。こうした地道な研究活動が、子どもたちの成長を後押ししている。

現行の教育課程の目標

Ⅲ　時代に対応する力の育成～考えを持って、分かりやすく発信できる力の育成～

　グローバル化が進むこれからの社会は、大層厳しくなると言われている。指示を受けて

それをこなしていれば生活が安泰だという時代ではなくなる。自分の考えを持って分かりやすく相手に伝えていくことが求められる。そこには、責任を持ってやり遂げていく実践力や精神力の強さが必須となる。そのために、粘り強さやしなやかさという「心の力」の涵養を欠かすことはできない。それと同時に、未来を切り拓いていくたくましい実践力の育成も望まれる。そのために、新しい教育活動として加えているのが次の3点である。

1　私の考えを持ち表現できる子どもの育成の推進

新しい時代の流れに対応すべく、「私の考えを持ち」「表現できる」力の育成に励んでいる。そのために、教師の授業力の向上を目指して全校をあげて授業研究を推進している。教師のたゆまぬ努力が、子どもたちのよりよい成長を引き出すことにつながるとの考えからだ。

2　英語の充実

創立直後から、「英語」が教科として位置づけられた。大層先進的な取り組みだといえる。が、戦後の教育課程の改編の中で、一時廃止という期間があった。時代の流れにそって、1998年に復活をした。その後、ネイティブの教員を1年、2年、5年、6年に配置して充実を図っている。

3　オーストラリア体験学習の拡充

英語の学びを活かしての学習・生活の機会としてのオーストラリア体験学習が、2010年度から開始された。20名弱の参加児童数が、現在では70名弱まで拡充した。1週間の現地校での学習とホームステー先での生活が体験できる学習は、子どもたちのチャレンジ精神と現地の人々の協力で成立できている。大層有意義な学習ができている。

IV　最後に

成蹊学園は、総合的な人間力を養うリベラルアーツ教育を行ってきた歴史があり、確かな基礎学力と豊かな教養の修得を大切にしてきた。今も本校では、小学校6か年で基礎学力を身につけ、その利用法を学び、様々な実体験を通じて社会で貢献できる実践力を高めていくという学びの循環を受け継いでいる。

これからも伝統に立脚しつつ、時代に対応する新しい教育を盛り込みながら、深い学びと鍛錬教育を追求してまいりたい。目指すは、チャレンジ精神とたゆまぬ努力で未来を切り拓く"魅力あふれるたくましい人物"の育成である。子どもも教師も共に向上が、変わらぬ合言葉としたい。

大場　繁

成蹊小学校の教育課程

I 成蹊小学校開校の設立趣旨

　成蹊小学校は、創立者中村春二によって1915（大正4）年4月に開校した。

　創立当時、国における小学校教育は、就学等に関する規定が整備され、後に義務教育の無償制により就学率が向上した。一方で、1学級70名という大人数で、かつ画一的な教育が行われていた現状があった。また教師の質や地位の低下に因る教育の劣化問題もあった。そのような現状を目の当たりにした中村春二は、小学校教育で大事しなければならない「真剣に物事に取り組む態度（「真剣の気持ち」）を身に付けさせる」指導を怠ってきたと指摘。その為、自主性や創造性の欠如した児童が形成されてきた。それは小学校教育の欠陥であるとして、中村春二は、その指導を行い、教育の徹底を図ることの必要性を指摘してきたのだ。

　中村春二は、子どもと教師が心を通わせ、結果よりも過程を評価することで、子どもの自主性を開花させようとし、理想的小学校である「私立成蹊小学校」を開校したのである。

　当時の「私立小学校設立趣旨」には、教育の柱となる五つの特色が記されている。

一　定員1級30名。全校180名　　二　教授の徹底
三　自奮自発の精神の涵養　　　　四　学校で全責任を負う
五　個性に応じて指導す

　そこには、一～五の特色をさらに詳しく述べた12の細目を掲げている。

1　児童の訓練に特に注意する事／2　各学科を確実に児童の頭脳に入れしめる事／3　指導方法を改める事／4　児童の個性に応じて適当の教育を施すこと／5　鍛練主義で教育する事／6　児童の心を尊重する事／7　田園生活を味わせる事／8　凡て児童の父兄を標準としてやる事／9　全責任を学校が負う事／10　学校で教えた事をなるべく活用させる事／11　1学級の定員は30名以内とする事／12　寄宿舎をおく事

II 本校の教育課程の歴史的変遷

　本校では、創立当初からの成蹊小学校の特色である、「自然の中で実物を見て学び体を鍛える」、「自奮自励の精神を持って自主的に学ぶ習慣を確立させる」ことを継承しながら、「個性尊重」、「鍛練教育」を大事にしながら、その時代や子どもたちの変化に対応した教

育課程を改訂してきた。本校教育課程の歴史的変遷は次の通り。

```
1917（大正  6）年    園芸を開始する。（伝統教科の始まり）
1929（昭和  4）年    「児童自治会」の発会式を行う。3年生以上に英語科の課程をおく
1935（昭和 10）年    海外帰国子女のための特別学級を開設し、操要学級と称する
1946（昭和 21）年    「桃の会」を組織する（戦前の児童自治会を改組）
                    「文化学習」を発足させる
1951（昭和 26）年    全学年、東・西・南の3学級制実施
1954（昭和 29）年    4年生からの「学級組替え制」を決定する
1958（昭和 33）年    「理想的人間像」、「教育の力点」を発表する
1964（昭和 39）年    5、6年生を「教科担任制」とする。「国際特別学級」を開設する
1965（昭和 40）年    クラブ活動に5．6年生全児童が参加することを決定する
1966（昭和 41）年    英語科の課程を廃止する
1971（昭和 46）年    「隔週5日制」を実施し、この日初の土曜休日となる
1973（昭和 48）年    クラブ活動を「特別学習」と改称し、教育課程に組み入れる
1974（昭和 49）年    3年生からの「組替え制」を実施する
1975（昭和 50）年    「理想的人間像（第二次）」と「教育の力点（案）」を発表する
1991（平成  3）年    完全5日制で土曜休日 「こみち科」を1，2年生に置く
                    「桃の会」活動を組織化する
1995（平成  7）年    「国際特別学級」を「国際学級」に改称する
1999（平成 11）年    2、4年生終了後の2回「組替え制」を実施する
2002（平成 14）年    全学年で「英語科」及び「こみち科」を実施する
                    高学年の算数・国語の学年内相互担任制度を実施する
                    （※この年から公立小中学校が完全学校週5日制を導入）
2005（平成 17）年    28人4学級制が始まる（1～3年生まで1学級28人の4学級）
                    4学級（東・西・南・北）体制実施。4年国際学級を新設する
2008（平成 20）年    全学年で東・西・南・北の少人数4学級体制完成
2011（平成 23）年    学習指導要領改訂に伴い1年生から4年生までの週時数が変更となる
2013（平成 25）年    組替え制度を1、3年生終了後の2回に改める
```

Ⅲ　現行の教育課程

本校の教育課程は、次の通りである。

1　本校の教育理念

個性の尊重　品性の陶冶　勤労の実践　師弟の心の共鳴　自奮自発の精神の涵養

2　本校の教育目標

「ゆとりある学校生活の中で個性的な子どもを育てる」

3　本校で考える個性的な子どもの姿

自立：「私の考えを持ち表現できる子ども」→自ら考え、行動する力
連帯：「集団の中で自分を活かすことのできる子ども」→仲間の気持ちを考え、自分の
　　　したいこと・すべきことを見つけて行動していく力
創造：「生活の中で創意工夫できる子ども」→好奇心を自己表現に変えていく力

4　本校の特色ある教科

「こみち科」（全学年）…実体験や表現活動など、子どもの個性や能力を育む

　「こみち科」は、総合的な学習を目指している。つまり、一連の体験を教科の枠を超えて展開できるようにしている教科である。自然に親しんだり、身の回りの事物や現象に興味・関心を持って探求したり、集団の中で協調しながら自分を表現したりしながら、個性的な子どもを育むことを目標にしている。

「英語科」（全学年）…将来に続く学びの基礎として積極的に理解し、表現力を養う

　1925（昭和40）年に廃止していた教科を、2002（平成14）年度に復活し、導入した教科である。現在全学年に位置付けられている。「読む」、「書く」、「話す」、「聞く」の4技能を通して、コミュニケーション能力の育成を図っている。子どもたちが楽しく学び、主体的に英語を使っていく発表表現を大切にしている。卒業前には、全員が英検5級にチャレンジしている。

5　自学自修の習慣を確立させる教科活動

　本校の教育の根底には、「自学自修の習慣を確立させる」がある。自学自修の始まりは、興味・関心のある授業を行うこと。また、授業を通して知り得た知識を次に活かす工夫や他の事柄に応用する知恵を育みながら、子どもたちが自学自修の習慣を身につけていくことである。各教科教育の特色は次の通りである。

「国語」

自分の考えを表現し、深めるためにすべての学びの基礎となる「国語力」を育てる

子どもたちの生活経験に基づき、心にうったえるような独自教材の作成

（文法「こみちの国語」／文学「成蹊国語」／漢字学習教材）

「社会」

社会科見学など本物に触れる体験を通して社会的見方・考え方を持てる子に育てる

使いやすく、子どもたちが興味・関心を持てるような教材の開発

子どもたちの社会を見る力を育てる教材を開発に取り組んでいる。子どもが学習しやすいワークシートの開発も行っている。

「算数」

課題を解決する楽しさを味あわせ、数学的な思考力・判断力を養う

解けない問題にあたっても、すぐにあきらめずに解決していく子ども、考えることを楽しむ子ども、友達と学びあい、思考力を高めたり、新たな問いを生みだせる子どもを育てる。独自の教材「こみちの算数」で、学習事項の定着を図っている。

「理科」

実物観察を重視し、五感を活かして自発的に学ぶ子を育てる

本校創設時からの「実物教育」を重視している。そのために３つの基本方針を定めている。
1　自然との接触を通しての学習をさらに推し進める
2　製作を目的とした学習を取り入れる
3　実践的・探求的態度を育てる学習を取り入れる
実物を目の前にしたときの興奮・感動を重視している。

「音楽」
音楽の基礎となる力を丁寧に育みながら豊かな感性と表現力を育む
低学年…内的な感受の力を育むことを目的とし、聴くことを大切にした活動を行う
中学年…合唱、リコーダー、さまざまな楽器を使った創作活動を行い、音楽の基礎となる力を丁寧に育み、主体的に音楽活動に取り組む姿を大切にしている
高学年…箏曲や、サンバの演奏、小編成のグループ合奏を行い、さまざまな音楽を経験し、より豊かな感性の育成を目指している。

「美術」
子どもたちの心が素直に写し出された様な製作活動をめざす
　美術作品は子どもの心の動きを自由に表現した、成長の記録であると考える。そうした記録を支えるために様々な技法や道具の使い方を指導するように心がけている。

「体育」
「からだを育む」教科として健康でたくましく生きる力を育てる
　子どもたちが「太く長く」健康な体を作って行けるための課題を吟味しながら指導している。子どもが次に取り組むべき課題は何かが分かるような工夫をしている。

「読書」
本を読むことの学びだけでなく、学びの拠点となる図書室の利用方法・活用方法について段階的に学び、高学年の探求型学習に備える

6　学年内完全教科担任制
　5年生から「学年内完全教科担任制」を実施。国語・社会・算数・こみちの4教科について、4人の学級担任が、いずれかの教科を担当。一人の教師が同じ教科を教えることでより充実した専門性の高い授業を行っている。

7　専科制度
　低学年から高い専門性を持った教師による質の高い教育を実施。音楽・美術・体育・英語は1～6年生まで。読書は、1～4年生まで実施。理科は3～6年生まで。漢字は5,6年生と専科制で行っている。

　　　　　　　　　　　　　　　　　　　　　　　　　　　　　　　　　　宮下　浩

「たくましい実践力をはぐくむ」

I　成蹊小学校が目指す教育

　昨今の価値観の多様化する社会の中では、正解のない問題に対応できる力や社会に必要な価値を創造する力が必要とされている。そのためには、常に物事を幅広く思考したり、根拠に基づいた判断や自分なりの答えを出しながら、行動することが求められている。創立者中村春二は「教育は常に十年先、二十年先を考えて行わなければならない。」と言葉を残したが、変動の激しい社会であるからこそ、子どもの未来を根底から支える力や社会で躍動できる力を育んでいく必要があるだろう。今出来ることだけに力を注いで教育があるのではなく、将来できることを支える力を見据えて、その資質・能力を養うことが肝要である。そのための教育は、正解だけを求めるのではなく、個々の個性を捉え、自分探しの旅をさせることを通じて、自分の問いや考え、さらには考えを表現していく『深い学び』が必要であると考えている。

　本校では、伝統的な教育観として『子ども一人ひとりが内にもつ心の力を発揮する土台を築く』ことに主眼を置いている。単に知識や理解を重視した結果主義的な学力観に偏重することなく、将来を見据えて子どもたちの未来の可能性の土台を築くことに、教育の本質が置かれる必要が益々あると考えてきた。正解のない世界に飛び込んでいく子どもたちだからこそ、子どもたちが『自ら進んで自ら考え』ながら学習に向かう姿勢や構えを育てることを肝としてきた。そこで本校では、子どもたちが社会に踏み出し、社会で活躍していくことの実現を願う時に、必要な力を『たくましい実践力』だと捉えている。

II　たくましい実践力とは

　たくましい実践力とは、本校が研究を進めていく中で「子どもたちにこのような人間に育ってほしい」という研究成果の考え方である。それは、「理想的な人間像」及び「教育の力点」という教育の考えを出発点として導き出された言葉である（図1）。我々は、理想的人間像の10項目を貫いて望まれるものとして、『たくましい実践力をもった人間』として標榜している（図2）。そして、この7項目を教育の土台として、たくましい実践力

```
わたしたちの考える理想的人間像
                    1957年制定
一．平和を願い求める人間
二．真理を求め、正義を愛する人間
三．祖先の文化遺産を正しく受け継ぐ人間
四．美を愛好する人間
五．個人の価値を尊ぶ人間
六．自主的精神と責任感に充ちた人間
七．勤労を重んずる人間
八．心身ともに健康な人間
九．集団の一員としての自覚をもった人間
十．人類の一員としての自覚をもった人間
```

図1

```
◎たくましい実践力をもった人間
          1957年制定　2015年改訂
1．真実を求め、生活を高める意欲をもつ
2．合理的計画をもつ
3．創造性をもつ
4．強い意志をもつ
5．たくましい体力をもつ
6．反省的思考ができる
7．適正なコミュニケーションをもつ
```

図2

```
教育の力点　1969年制定
（一）集団と個の関係を深く考える活動を重視する　　（五）生きた現実や、実物から学ぶ意欲を育てる。
（二）自主的に学習に取り組み、生活を高める意欲を育てる。（六）子どもと教師の人間的なふれあいを重視する。
（三）価値あるものに接する機会を多くし、創作活動を重視する。（七）児童の能力に即して、適切な学習指導を行う。
（四）意志と体を鍛え、たくましく実践をする力を育てる。（八）望ましい環境づくりをめざし、その実現をはかる。
```

図3

を育成するための重点目標として、教育の力点を策定している（図3）。

　本校では、教育の力点の考え方を教育環境、教育課程、教育活動の全てにおいて基本の考え方として捉えおり、これらは6年間の教科カリキュラムを横断的・総合的に捉え構成し、さらには行事や生活場面での指導への指標となっている。

Ⅲ　たくましい実践力を育むために

　先に取り上げた教育の力点に、『意志と体を鍛え、たくましく実践をする力を育てる』という観点がある。これは、何事に対しても粘り強くやりとげていく意志と体を鍛え、仲間としての連帯感を育てる力であると捉えている。子どもたちの肉体的な強さや意志・意欲につながる力であるだろう。そこで我々は、この観点に着目し、たくましい実践力の観点として「たくましい心」と「たくましさ」をの2点を位置づけている。

　具体的に述べると、「たくましい実践力」を育むためには、児童の「たくましい心」を確固たるものにするためのアプローチが必要になると捉えている。「たくましい心」とは、「子どもの自ら進んで学習活動する土台となるもの」と定義できる。例えば、**チャレンジ精神・探究心・熱意・自信・創造力・思いやり・優しさ・達成感**などが「たくましい心」に内包されるものと考えている。教科学習の場面では、必ずしも答えが一つにならない問いや選択肢が複数ある問いに出会うだろう。未来にしか結果が出せない学習成果、既存にない発想、継続的な学習の結果、簡単に正解が出せない問いに粘り強くアプローチしていく力につながるものにもなる。

そして、内的要因である心の力が強くたくましくなるにつれて、子どもは主体的に外的環境へと働きかけ、肉体的・精神的な「たくましさ」を獲得することができるのではないかと捉えている。この「たくましさ」を構成する力としては、**実行力・批判力・見通す力・我慢する力・継続する力・粘り強く取り組む力・相手の立場に立つ力**などが挙げられる。

　子どもは心が育つと、自ら考えて、その実現に向けた行動をしていくものである。だからこそ、内的動機である意欲や熱意を高めることで、子どもたちは何事にも進んで行動し学んでいくことができるようになるのである。その高まりが更なるチャレンジを生み出し、「たくましさ」が見られる行動や態度につなげていくことができると考えている。

　「たくましい心」をもってこそ「たくましさ」

図4　たくましい実践力のイメージ

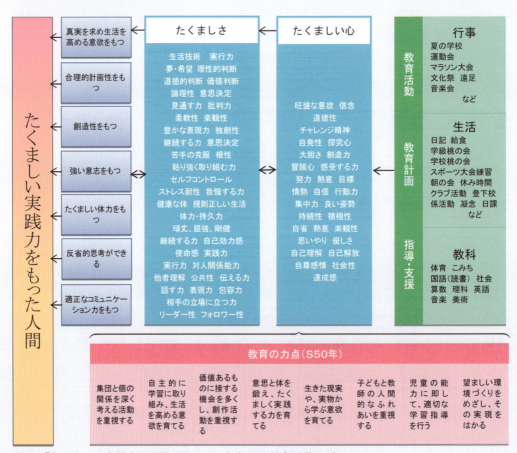

図5　『たくましい実践力を人間』をはぐくむための教育活動のプロセス

が見られるのある。そして、その先に「たくましい実践力をもった人間」を構成する7つの項目につながっていくのだと捉えている。

　この「たくましい心」と「たくましさ」の両者は互いに行ったり来たりのスパイラルな関係となる（図4）。すなわち、様々な教育活動を通じて、子どもの意欲や情熱、創造性や冒険心といった心を鍛えたり育んだりしていくことこそが、子どもの行動面に対して効果的にその力を発揮することにつながると捉えるからである。この両者は、独立的なものではなく、相互に作用して高まっていくものである。故に、成長する子どもの心と行動面は常に連動し、更なる子どもの力へと変貌していくために、教科や行事・生活の教育活動の土台の中に、「教育の力点」を根拠として、指導や支援していく必要があると捉えている。

　この考えを具現化するものとして、「たくましい実践力」をはぐくむための教育活動のプロセスを図5のようにまとめた。我々が、学校での教科、生活、行事での教育活動を通じて、子どもの「たくまし心」や「たくましさ」を育むために、どのような観点をもって子ども達の成長にアプローチできるかを観点別に示しした指標である。教育活動の設定や、指導方法の向上・改善、指導をするための計画の段階から、我々が教育活動で目指していく「たくましい実践力をもった人間」を育てていくための活動は始まっている。理念や建前で終始するのではなく、各自が自覚をもち、常にこの考えに立ち戻って教育を行う必要があるというのは言うまでもない。

　6年間でこの「たくましい実践力」を育めるというわけではなく、誰もが生涯を通じて培っていくものであると捉えている。子どもたちが社会に出た時に、「たくましい実践力」を土台にして飛躍できるように、子どもたちの心や体を鍛えていくことが前提となると考えている。「たくましい心」や「たくましさ」が自分のための力になる、ということが分かっていれば、社会がどんなに進歩し変化しようとも、時代が求める力を身につけ、その力を発揮していくことができるのではないかと考える。我々が伝統的に行ってきている全ての教育活動は当然そのプロセスにつながっていくものである。

　例えば教科の目標を達成する過程には、「粘り強く答えを導き出せる姿勢」、「考えや学びを常に探求していくことができる姿勢」など、いずれも授業の中で育んでいくことができる。一つの学びを通して、子ども達の心を育むことこそが次への学びへつながり、新たな困難にぶつかったとしても更に挑戦してみようという気持につながるだろう。そして、学んだ成果を行動面に移していく、まさに「たくましさ」につながるではないだろうか。

　子どもがたくましくなることは、大人の願いであるのかも知れない。だが今の時代、自ら問題や課題を解決していく時代である。生きる力が求められている。だからこそ、子どもの「たくましい実践力」が必要になると考えている。

内川　健

自分の考えをもち、
読み進められる子どもを目指して

I 国語科の特色

　国語科の特色は、学園の創立者である中村春二まで遡る。当時の詰め込み教育や、個性を無視した教育に、強く疑問を感じた中村は、国語科教育の改善についても多くの指針を出した。子どもたちが自分の考えを、より自由に、より大胆に発表するための、入門期における写音仮名遣い教育の実践。当時勅令違反であった、新仮名遣いによる自家用教科書使用の断行。短歌の形式に捉われない、誰もが楽しめる口語短詩の提案など。その個性尊重や自由主義の精神は、成蹊小学校の国語科教育を、今に至るまで支え、励まし続けている。

　国語科の研究は、学園内部だけでなく、外部の教育機関に対しても提言を続けてきた歴史がある。学習の中心にあるべきは常に子どもたちであると考え、自らの実践を積極的に発信し、批判を受けることで研究をさらに相対化させ、また子どもたちへの教育へ還元させようと試みてきた。本稿では、近年取り組んでいる自作自選の教材づくりについて紹介する。

II 新教科書『成蹊国語』

　この教科書づくりは、現行の教科書教材と成蹊の子どもたちの成長の間にある溝を埋めるべく、「理想の国語読本」の作成を目指した共同作業から始まった。1980年代には、説明的文章を発掘し、教材化することを目的とした研究が行われている。子どもたちの興味をくすぐるだけの教材や、文型に注意を払いすぎ、筆者の感動の希薄な教材が多くあることを問題にしている。説明的文章の教材化については、『成蹊小学校の教育（創立七十周年記念）』において、下記視点の必要性が述べられている。

①文章に筆者の感動体験がにじんでいるような作品を設定する。
②説明書きと説明的な文章とをはっきり分けて教材を選定する。ここでいう説明書きとは、

あることがらをそのまま説明している文章で、説明的な文章とは、筆者の心が表現に込められているようなものとして、それぞれを区別している。
③読み手であるこどもが、文章を読んで、想像したり類推したりすることのできるような作品を選定する。
④現在使用している国語教科書にとりあげられている説明的な文章のかたよりを考え、これを補充するような作品を選んで、カリキュラムに位置づけていこうと考えた。

なお、カリキュラムの作成にあたっては、「わたしたちの考える小学校国語科指導系統表」として、六学年の指導課題と目標を段階的にまとめた研究も 2000 年代に行われている。この系統表は、「読解指導（文学）」、「読解指導（説明）」、「音声言語指導」、「言語・文字・表記の指導」、「文法指導」、「作文指導」、「読書指導」の 7 領域で構成したものである。

その後、近年の教科書に文学教材の掲載が減少している状況を受け、文学作品を中心とした、『補充教材集』と『指導資料集』の編集作業を行ってきた。そして、六年『補充教材集』は検討を重ね、『成蹊国語』へと引き継がれている。もちろん現行の教科書に替わるものではないが、六年生の授業では、児童全員に『成蹊国語』を配布し、掲載している 17 作品を、教科書教材と差し替えたり、追加したりして指導にあたっている。とはいうものの、教材づくりに完成はなく、小学校の主事を開校当初から務めた小瀬松次郎が、「すべての教材は兒童の實生活に觸れて居らねばならぬ。兒童と歿交渉な教育は材料上の價値が少い。さういふのに限つて理解もしなければ、興味も起らない。今日の教科書には此の方面の缺陥がすこぶる多いのは遺憾の至である。」と『成蹊小學校の一年間』で述べているように、児童の実態によって、求められるものは変化を続ける。不断に問い直す姿勢こそ、私たちに求められるものでもあると考えている。

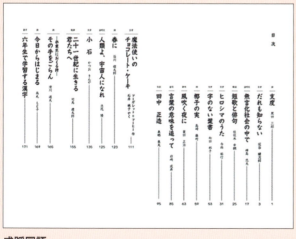

成蹊国語

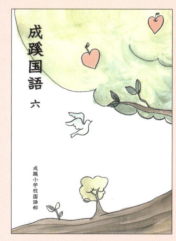

III　文法教材『こみちのこくご』

　指導観差が生まれやすい文法事項について、「こみちのこくご」と題した、合計106項目のプリント教材を作成し、現在1年生から4年生まで使用している。文法は、教科書にも「ことばのきまり」としての記載はあるが、それらをさらに系統立て、本校の子どもたちの学習目標に適した内容に発展させている。「こみちのこくご」は、単元についての説明からはじまり、例文、練習問題と発展的な内容を扱う構成となっている。プリント教材とすることで、ファイリングし、学習資料として振り返ることも容易である。現在も、例文、設問、文字の大きさ、レイアウト等の検討と改訂を繰り返し行なっている。

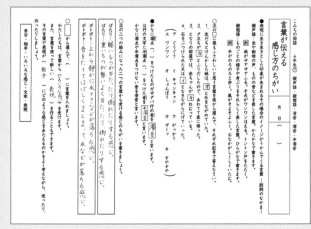

こみちのこくご

IV　漢字学習教材

　各学年で学ぶ漢字は、学習指導要領により配当漢字が決められており、全国共通である。本校では、使用する漢字学習教材については学年ごとに任されており、近年まで様々な方法で指導してきた。学年ごとに教材が異なったのは、教科書改訂の度に漢字の配列順が変わり、それに合わせた教材を担当教員が用意してきたからである。そこで、本校独自の漢字学習教材の検討、作成を進め、現在は全学年で使用している。学齢に応じて、若干レイアウトを変えているが、大まかな構成は六学年共通である。配当漢字を並べ変えることで、教科書の漢字配列順に縛られず、教材の自由な選択が可能となっている。

漢字教材

Ⅴ 人間形成と結びついた国語科教育を

　今後の展望として、本校では、人間形成と結びついた国語科教育を目指したいと考えている。1984年出版の、成蹊小学校国語部編『国語科教育の現状と未来』には、人間形成においての、読書と作文の重要性を主張している。

　　読書の楽しさ、読書の喜びを、しっかり子どもの心に刻み込むように指導することである。そうすれば、子どもは活字文化に目を開き、極度に発達した映像文化に押し流されないですむ。一日の子どもの生活のなかに、活字を追い、活字を楽しむリズムがあって欲しいと願っている。活字を追うことで心を躍らせ、夢を描くような子どもを育てたいと願っている。このような読書体験の過程で、子どもは人間的な成長を高めていくと信じているのである。
　　文章をつづるという価値をとらえることも重要である。文章をつづるという活動は、自分を自分でみつめることもできる。自分の考えを整理することもできる。文章をつづるという活動は、人間として成長するとき、大切なもののひとつだと考えている。ひとりひとりの子どもに、自分を育てる作文指導を日々の授業のなかで位置づけ、徹底、充実していかなければならないのである。

　また、作文指導と日記指導の関わりについて、亀村五郎（本校元教諭）は『成蹊教育』において、両者は底流を同じくするものでもあると述べている。

　　たんに間違いのない日本語で文章を書くということではなく、子どもの生活を重視し、子どもたちに、身のまわりの自然や社会や人間などと積極的にとりくませて、その生きた姿や、その本質を認識していくという認識活動をさせ、現実をみることによって、子どもたちの内面の思想、感情の形成活動をうながし、文章表現以前の過程、表現の過程、表現以後の過程に指導を加えていこうというのが、根本的な考えであった。

　子どもたちは、言葉によって世界を読み解いていくなかで、自分だけの狭小な世界を離れ、人間や自然や芸術などの多様な他者と出会い、人生をより複雑で、味わい深いものにしていくのである。自分の想いがうまく言葉にまとまらず、せっかく書いた文章を諦め、何度も書き直すもどかしさ。伝えずにはいられない感動を、言葉を取捨選択しながら、より洗練された表現に近づけようとすること。その経験の蓄積は、自分の内面を深く耕していく行為そのものである。学習を通して、私たちが考えて欲しいと願うことは、「いかに生きるか」という自分自身への問いである。そのような、考えを深めていくことの面白さ、心の深層から言葉を紡ぐことの難しさを、国語科では扱っていきたいと考えている。当たり前にある大多数の意見に流されず、出来上がったどのような権威にも縛られず、本当に意味のあるものは何かと、自由に思想するたくましさ。そして、美しいものを美しいと感じられる繊細さを持った子どもたちであって欲しいと願っている。

原口洋平

2年生「説明文」

系統的指導で書く力を育てる

　成蹊小学校の国語部では系統立てたカリキュラムを作り、指導している。2016年度からの国語部のテーマは「書いて表現する指導」であり、特に書くことに力を入れて指導してきた近年の低学年の実践について述べたい。

　3年生では自分で調べたテーマに沿って説明文を書くことができることを到達目標としており、一昨年度の実践では「問いかけ」「はじめに」「次に」「終わりに」「このように」など説明文の構成を丁寧に読み解けば、その形を元に自分の関心あるテーマについて説明文を書くことができた。また、1年生では説明文を書くことは難しいものの、教科書教材「はたらく車」(教育出版)の「ですから」という接続詞を使って、自分のテーマを決めて短い文章を書くことができた。

　そこで今年度は、司書教諭と連携して2年生の文章構成能力を育てる授業を研究した。

I　説明文の型を読み取る

　まず、1年の教科書教材「はたらく車」を再度読み、文章が「はじめに」「例1→ですから」「例2→ですから」「例3→ですから」の文章構成となっていることを確認する。

II　図鑑の内容をシートにまとめる

　次に、説明文の共通材料として図鑑の一部を提示し、それを司書教諭の用意したプリントAにまとめる作業を行った。図鑑のたくさんの情報の中から必要な内容を各自取捨選択してまとめていく作業は2年生には難しいと思われたが、余分な言葉を省いたり、プリントにあった言葉に変換したりしてまとめるよう指導した。

プリントA

III　材料を文章の型に当てはめる

　次に、このプリントAを元に、文章の型となるプリントBにまとめた。この作業は、プリントA作成の作業と重なるところも多く、「プリントAがあればもう説明文が書けるからプリントBは必要ない」と主張する理解度の高い子もいたほどだったが、目標とする「全員」が説明文を仕上げることを考えると、

初めての取り組みでは省けない過程であった。

プリントB

Ⅳ 文章にする

最後に、いよいよプリントBを元に説明文を書いた。ここまで丁寧にプリント作成をしてきたので、どの子も手を止めることなく、集中して取り組むことができた。早く終わった子には、チャレンジとして「このように」に続く説明文のまとめの言葉も考えさせた。特別な指導がなかったにも関わらず、説明文の構成を理解した子どもたちからは、完璧ではないものの夫々のまとめを見ることができた。

授業後、子どもたちからは、「もっと他の内容でも調べてみたいから授業で使ったプリントが欲しい」という意欲的な声が多く上がった。2年生にとって説明文を書く上では今回用意したプリントが大きな役割を果たしたと感じるとともに、今回の学びが子どもたちにとって楽しいものだったと実感することができた。文章を書かせることは下準備が大切である。また、書いたものをチェックする手も必要であり、なかなか授業に取り入れるのが難しい。今回はTTという形で取り組めたこと、2時間という時間を設定することができたことで全員がスムーズに取り組めたと思う。また、このように、説明文を自分で書いてみることで説明文の構成を理解し、説明文読解の際に適切な要点把握に繋がると考えると、書くことで子どもたちにつける力は大きなものであると改めて思う。

梅田　奏

実際の説明文

3年生「物語文」

交流を通し、自分の読みを表現する

　自分の考えを持ち、表現できるようになることを、本校国語科では到達点としている。その為に、読み始めの段階で本文の叙述に即し読めるようになること、交流を通して個から全体で読みを創りあげていくこと、まとめ読みの段階で自分の考えを持ち発信できるようになること、の3つに重きを置き、指導法を研究している。

I　本文の叙述に即して読むために

　本文の内容を理解するためには、言葉の意味を考え、正しく文脈を捉える必要がある。具体的な生活体験と結び付けて捉えることに加え、語彙力、文章の構造を把握する力、表現技法の知識を習得するために「こみちのこくご」を使用し、読むうえで必要な手法を学んでいる。

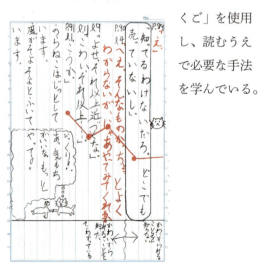

子どものノート

II　教室内での交流を通して読みを創る

　中学年で一番大切にしているのが、交流である。個の読みを交流させることで、「なんとなくこう考えた」ではなく、「なぜなら」と叙述にかえり読みを深めていくことに重きをおいている。3年生の1学期、三木卓作『のらねこ』で、のらねこの心情を吹き出し法で表現する実践を行った。

図8

　のらねこの気持ちになって考え、その時ののらねこの感情の高さがどのくらいの高さなのか、前の場面と比べあがったのか、下がったのか、また変わっていないのか、どう

授業の様子

してそう思うかを説明する授業を試みた。

　かわいがられることを知らなかったのらねこが、段々とリョウのことを信用していく心情を読み取り、けれど「あ」と逃げてしまったのはどうしてなのか。屋根の上での気持ちを「またなでてほしい。また遊んでね。」「もう少しなでてほしかったな。やっぱりリョウのねこにはかなわないかあ。少しさびしいな。」「最初からリョウはかわいがってくれていたわけではなかったんだ。かわいがってなんてない。」の３つの代表意見から自分の意見を振り返り、どの考えにより近いか・共感できるかを話し合わせたことで、一定の基準を子ども達が持つことができた。

　基準を明確とすることには「なぜなら」「本文のこの部分と比べて」と根拠を示しながら話し合いを活性化させる効果があったといえる。最後には「風がそよそよとふいています。」で終わらずに「リョウはよろこんで、ねこと一緒に走っていってしまいます。屋根の上から、そのすがたをのらねこが見ています。」の場面が描かれているのはどうしてなのかを考えることで、「何でもあり」の読みではなく、心情は上位に変化している、という結論を導き出した。

Ⅲ　自分の考えを持ち発信するために

　交流を通して個から全体で共有した考えを基に、最終的な自分の考えを表現できるようになってほしい。教室の中で意見を出し合う、交流し合う機会を増やすことはもちろんであるが、それを基に自分の考えを整理する時間も重要だと考える。自分の意見を表現できる、発信できる方法は様々で、書いて表すことが得意な子もいれば、挙手での発言が得意な子もいる。大切なのは授業内で臆しない姿勢を育てていくことだと考えている。相手の心情を理解しようとする力、更に高学年では批判的に再構築していく技術も習得できるであろう。自分の考えを整理する、反芻するために、まず考えを持ち、表現できる力をつけさせる必要がある。そのための土台作りとなる授業を、今後も中学年では心掛けていきたい。

栗原亜里紗

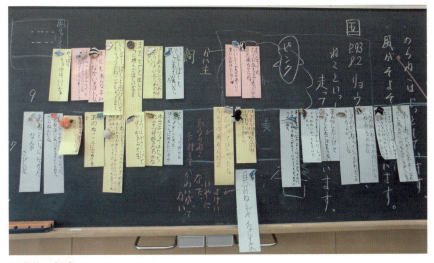

授業後の板書

6年生「文学教材」

ものの見方・考え方を深め、豊かな感性を育む

I 深い学びとは

　国語科では、6年生が『成蹊国語』という本校の国語部が編集した独自の教科書を使用して学習する。

　文学的な文章を読み、他者の読みを受け入れ自身の考えを深め、確かな考えを持つをねらいとして、6年生の1学期に実施した『だれも知らない』を取りあげる。

文学的文章『だれも知らない』
〈教材の概要〉
　麻理子は小さいときの病気がもとで、筋肉がふつうの人の10分の1くらいしかない。通学バスに乗るまでの片道200メートルほどの道のりを、麻理子はおかあさんと共にゆっくりと歩いていく。麻理子がバス停に着くまでに出会う人とのやりとりや小さなできごとが描かれている。
〈教材の特性〉
　麻理子のような子を見ると、つい「かわいそう」と周囲の人間は感じてしまう。でも、麻理子には麻理子にしかわからない楽しみや喜びがある。麻理子がバス停に着くまでに出会う人とのやりとりや小さなできごとを読んでいく中で、他者の心の内側を見つめる目を育てることができる。この作品は、上辺を見ただけではわからない人それぞれの楽しみや喜びがあることを伝えると同時に、そばに寄り添って生きる人でさえ、すべてを知ることはできない、だからこそ尊い「生」の存在を教えてくれる。

II 授業実践

　本教材では、「主題を読み取ること」「他者の意見を受け入れ、自分の考えを確かに持ち、自らの言葉で表現すること」をねらいとした。

1　自分の考えを持つ（学習前後の感想）

　学習前と学習後の思いや考えを書くことは、自分の考えを整理することができ、また授業後の学習の自己評価も行うことができる。

　本教材の児童の初発の感想の内容を分析すると、「麻理子について」と「麻理子の周りの人について」、そして自分の経験から「障害を持つ人について」という視点に大別された。

2　細部を読む（分析的読解）

　初発の感想の分析から、以下2つの観点で読み取っていった。
①麻理子の行動の意味と心情について
②麻理子が出会う人々の心情について

　分析的読解とは、細部または行間を読むことである。この段階では、叙述にたち返り、根拠をおさえることを大切にしている。今回は、「人物関係図」を作ることで、登場人物のやりとりや些細な出来事から、麻理子と周囲の人々の心の内面を整理していった。

　まず、麻理子の視点から描かれた文章を丁寧に追っていくことで、上辺だけでは見てと

れない障害を持つ人それぞれの楽しみや喜び、そして苦悩もあることが分かる。

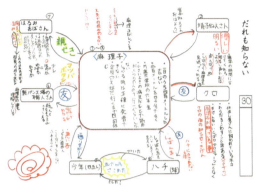

人物関係図

3 主題を捉える（総合的・発展的読解）

つぎに、麻理子の周囲の人々に目を向ける。周囲の人々を読み取る中で「麻理子のような子どもを理解しない人には」「麻理子のような子どもを知らない人には」という書き出しが繰り返し使われていることに気がつく。このたたみかけの意味について考えることが、主題を追究する上でのヒントとなっていることに気づく。

そして、主題を捉えるにあたり、「題名」も大きな手がかりとなる。昨今の書籍の題名は、奇抜で目を引くものが多い。例えば、『君の膵臓を食べたい』も、読み進めると、題名に込められた筆者の思いに触れることができる。文章から読み取ったことと、題名の『だれも知らない』とはどういう関連があるのかを改めて考えることで、主題にさらに迫れるだろう。

4 自分で考えた主題を交流する（対話）

ここで、2つ目のねらいの「自分の考えを言葉で表現すること」を行う。全体での、そして個々での読解を終えたところで、再度「自分の考え」をまとめ、発表をする。友達の意見を聞き、自分の考えと似ている内容、違う内容・表現を学び合い、自分の考えを改めて構築したり深めたりしていった。外に発信することでさらに考えが深まるのだ。

5 あとがきで主題を確認する（まとめ）

『だれも知らない』の教材としての利点は、絵本にもなっており、あとがきに筆者の考え（主題）が明確に記されていることでもある。筆者の主題・ねがいと自身の考え・思いを比較し、ある意味対等にそのズレや視点の違いを読むことができるところは、面白い。

Ⅲ おわりに

「深い学び」とは「自分の考えを持ち、そしてそれを表現すること」である。友達や筆者の考えを聞き、読むことで、自分の考えとのズレ・違いを明確にし、比較する。その過程を踏むことで、また「新たな自分の考え」が生まれるのだ。どのような文章に出合ったとしても、この学習過程は変わらない。

『成蹊国語』のさまざまなジャンルの文章に触れながら、自身のものの見方・考え方を身につけさせ、さらに深めていく。これこそが本校国語部の「深い学び」である。「読み」を中心にこれからも「深い学び」を実践していくことが肝要である。

荒木　智

1〜4年生「読書」

「伝える力」と「探求心の芽」を育む読書の授業

I 「読書」の授業

本授業は、平成23（2011）年、専任の司書教諭による専科授業として教育課程に位置付けられ、1〜4年生の国語科の時数（週1時間）を充てて行っている。国語科に属する専科として国語教育の一翼を担い、学びの礎となる「ことばの力」の習得を後押ししている。同時に、国語科の枠を超え、図書館が学びの拠点になっていくよう、資料や情報の活用指導によって、探求的な学習の基礎づくりを行っている。

図書館での学びの積み重ねによって、「伝える力」と「探求心の芽」を段階的に育てたいと考えている。

II 「伝える力」を育てる

本校の教育目標である「たくましい実践力」を、「読書」では「伝える力」と位置づけている。読書によって得た喜びや知識を、伝えあい、分かち合う経験は、多様な価値観を知り、他者を理解していくことへと繋がると考えている。まさに、次期指導要領における「対話的な学び」であろう。以下に、伝え合う活動の入口と出口の例を示す。

1 1年生「おはなしどうぶつえん」

初めての「伝える活動」として、国語科の単元を発展させた形で行っている。

①これまでに自分が読んできた本の中から、動物が主人公の本を選び、その特徴（名前、すきなところ、かっこいいところ）をカードにまとめ、絵を添える。
②カードをもとにみんなの前で発表をする。
③カードを加工して、模造紙に貼り、クラスごとに動物園を作る。

発表の様子

動物園づくり

友だちの発表を聞いて、紹介してくれた本に興味を持ち、借りていく子どもも多い。動物園作りでは、以前授業で紹介した本に登場する人や看板などを書き込む子どももおり、お話を楽しんだ経験が心に残っている様子が

見て取れた。

　この活動における伝える経験を、2年生の「本の中の友だちをしょうかいしよう」でさらに深めている。そこでは、友だち（主人公）の紹介の後、その友だちについてのディスカッションをすることによって、主体的に聞く姿勢を身に付けていくこととなる。

2　4年生「3冊の本のブックトーク」

　3年生では、自分の好きな本を1冊選んで紹介し、クラスのチャンプ本を決める「ミニ・ビブリオバトル」という活動を行っている。その経験を活かし、あるテーマの下で本を紹介する「3冊の本のブックトーク」に挑戦する。

①最も薦めたい本を1冊選ぶ。
②読書記録ノート「読書の歩み」のキーワード欄を参照しながら、さらに2冊を選ぶ。
③選んだ3冊の紹介順を決め、紹介時間5分のシナリオを完成させる。
④グループ発表会→全体発表会

　これまでの読書経験と発表スキルの積み上げが不可欠で、難しい活動ではあるが、4年間の授業の集大成として子どもたちは熱心に取り組んでいる。

　このように、各学年の活動を関連付け、系統立てて行うことにより、着実に「伝える力」を養うよう努めている。

Ⅲ　「探求心の芽」を育てる

　読み物は物語だけではない。わかりやすく書かれた科学読み物は、子どもたちの探求心を喚起するものとなる。そこで、低学年から理解できるやさしい科学読み物のコーナー「ちしきのとびら」の本を、折々に紹介している。時には学校司書と共に、本に書かれている内容を実践することもある。

1　2年生『はーとのはっぱかたばみ』

　この本を読んだ後、校内で採取してきたかたばみの葉やたねを観察し、葉を使って10円玉を磨いてみた。子どもたちは、本にあるとおり、ピカピカになることを実感していた。

10円玉磨き

　こうして芽生えた探求心を大きく育てていく備えとして、図鑑や百科事典等の資料の使い方をペア学習、グループ学習を交えて楽しく学んでいる。また、調べたことをまとめる際に使用する情報カード、ベン図やボーン図などの思考ツールの使い方なども、段階的に指導している。

ベン図を使って考える

　現在、高学年には読書の授業が設けられていない。しかし今後は、学年内の教科担任と協働しながら、年鑑類の使い方や探求型学習の進め方についても指導をし、6年間の学びを支えていきたいと考えている。

関口　薫

見方・考え方を育てる
社会科の授業

I 社会科の特色

　本校の「社会」は、1、2年生の「こみち」で設定している「4つの場（自然・社会・人・行事）」の中の「人」「社会」を発展させていく形で、3年生の学習のスタートを切る。最初の単元は「武蔵野市のようす」である。ここで早速に、私学ゆえの明と暗が見えてくる。暗の一つは、地域に根差したテーマで学習を進めることが公立小学校に比べると難しいということである。しかしそれは、考え方を変えれば、明にも転ずる。武蔵野市を学ぶのではなく、武蔵野市で学ぶ学習を最初に行うことは、知識を得るだけが目的ではなく、社会の見方・考え方を深めていくことが社会科の真の目的であることを、子どもたちに示すことにつながる。この指導の在り方は、卒業まで貫かれる本校の社会科の柱である。

II 社会科ワークシート

1　フィールドワークを重視する

　本校の社会科では、『子どもたちの興味・関心の元は疑問である』と考え学習を展開している。様々な社会的事象に出会った時に、子どもたちが抱く疑問に対する興味・関心を学習の中心と捉え、その解決に結び付けていくように発問や資料提示をすることを大事にしている。授業の中で、学ぶ楽しさのみならず、「なぜだろう？」という疑問の連続を大事にしながら、問題解決に結びつく知的な楽しさを追究する学習である。
　そこで、本校では伝統的に観察学習（フィールドワーク）を重視している。地域や社会的事象のありのままの観察を行うことや、地域素材の数量に着目した観察、他事象と比較した観察、社会的諸条件と関連付けた観察などを行うことを現在でも大事にしている。

2　社会科ワークシートの作成

　本校の社会科部では、学習教材として3、4年生の社会科ワークシートを作成し、積極的に活用している。これは、子どもたちが主体的に学習を進めていくことができるようにと、必要な読み物資料や地図・写真、そして作業用の白地図、統計資料、課題などを盛り込んだものである。ワークシートは3，4年生の学習を理解するための資料に留まらず、

4年生のワークシートの1例

No	ワークシート名	本時のねらい
1	みのまわりのごみ	武蔵野市のごみの集め方を例にして、自分の身近な地域のごみの始末の工夫に気づく。
2	ごみのゆくえ	武蔵野市を例にして、大量のごみが、どのように処理されているかをとらえる。
3	クリーンセンターの見学	クリーンセンターの見学を通して、ごみのゆくえの実際をさぐり、市の組織的なごみ処理の努力に気づく。
4	水の使いみち	わたしたちのくらしと水との結びつきに気づく。
5	じゃ口調べ	学校にある蛇口の数を調べ、わたしたちのくらしと水の結びつきに気づく。
6	飲み水ができるまで	水源地から家庭までの上水道のしくみについて理解する。
7	水源をもとめて	東京の上水道の水源を確保するためのさまざまな工夫や努力について理解する。
8	校内の防火のしくみ	校内の防火施設・設備・器具について調べ、校舎（含校庭）の見取図に記入しながら、校内の防火対策について関心を深める。
9	校内の安全点検のために	成蹊小学校の校内にある安全のための施設・設備を調べるときの参考にする。
10	119番！火事発生	火事に際し、被害をできるだけ小さくしようと働く消防署の人たちなどの努力をつかむ。
11	消防しょの役わり	消防署の人たちは、火災の消火活動や火災を防ぐ活動だけでなく、救急活動も行っていることを知る。
12	玉川兄弟と玉川上水（1）	色ぬり作業をしながら、羽村取水堰の位置（場所）を知るとともに、水路（羽村から四ッ谷大木戸）の長さや高低差を調べ、玉川上水について関心を持つ。

　子どもたちが個々の能力に応じて授業で学んでいることを振り返ることができる。さらには、子どもたちに、地域の具体的な事象、事例を含めた資料を提供することができている。

　このワークシートを活用するのは、本校の社会科が「事実に即して考え、事実を素材にして話し合う態度を育てる」ことをねらいとしているからである。言葉だけで理解したような気になりがちな子どもたちに対して、社会的事象を多角的に提示して考えさせる授業作りのために活用することができる。ワークシートは、主に学習の導入時の意欲をもたせるために活用することができ、疑問や課題をとらえ、資料によっては子どもたちに疑問を投げかけ、ねらいに迫らせていく手がかりとなっている。また、授業のまとめの段階では、子ども達が学びの過程で立証したものをより明確にさせたり、事実確認として活用することもある。

　以上のように、社会科ワークシートを活用することで、子ども達の学びの質的な保障と、どのようなことを学ぶのかが明確になっている。子ども自らが調べる、比べる、広げる、深める資料となり、さらには、学び方を学ぶという意義においても活用されている。

3 社会科ワークシートの活用

　3年生2学期には、単元「わたしたちのくらしと商店がい」の学習の導入として、右のようなワークシートを使用する。各家庭での買い物の様子を調べることによって、消費生活への興味、関心を高めることがこのワークシートのねらいである。この学習をきっかけとして、次時からは買い手から売り手の工夫へと視点を変え、スーパーマー

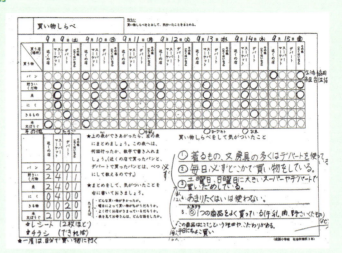

3年生「買い物調べワークシート」

ケットを調べる学習へと進んでいくのである。この単元で扱うワークシートは他にも用意されているが、学習はワークシートを消化していくだけに止まらない。ワークシートにより、学ばせたい必須事項をおさえた後、そこを出発点として学習をどのように展開していくかは、各指導者に委ねられている。左の新聞は、学校近隣のスーパーマーケット、商店街の見学後に作成した新聞である。学習のまとめは様々であるが、ここでは、いくつかの内容についての見方・考え方を表現させるため、また、見学をしてわかったことをできるだけ早く伝えるという時事性を大切に考えたため、新聞まとめを行った。見学も含めて全20時間の学習内容をどのように一枚の中にまとめるか、記事にする内容や順序の吟味、読み手を意識した文章やレイアウトの工夫など、初めての新聞まとめということもあり、丁寧に指導した上での作成となった。

3年生「買い物調べ新聞」

4　年表「成蹊小学校のあゆみ」

　本校では、3年生の学習「人々のくらしとうつりかわり」の中で、「成蹊のあゆみ」について学ぶ。生活のうつりかわりや、人々の営みを学ぶとき、その対象として、子どもの興味、関心が最も強く寄せられるのは、愛着のある自分の学校、そしてそこに関わった人々の姿なのである。学習は主に、上記の年表「成蹊小学校のあゆみ」、

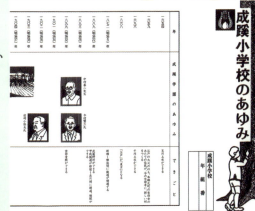

年表「成蹊小学校のあゆみ」

ワークシート、また学園史料館の見学をもとに進められる。「成蹊小学校のあゆみ」は、小学校70周年を機に社会科部が作成したもので、成蹊のあゆみと武蔵野市のあゆみ、社会的事件の関心を関係付けて見られるように作成されている。成蹊の歴史を辿り、子どもたちが学校の成り立ちを学ぶ一つの大きな資料となっている。

III　教材開発

　社会科の授業をつくる上で要となるのが、「教材開発」である。子どもの心を惹きつける教材開発のために欠かせないこと、それは、指導者自身の見聞である。そのため、社会科部では巡検活動を1976年から毎年行ってきた。巡検は、まさに教材探索、そして開発のための研修活動なのである。実際にその土地に足を運び、その土地ならではの人々の営みを見聞きして得られる感動は大きい。その感動を子どもたちに伝えたいという熱意をもってつくられた教材と授業には、強い説得力が生まれるのである。

井田聡子

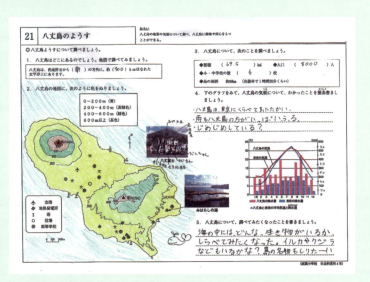

4年生・八丈島ワークシート

3年生「むかしのくらし」

道具を使って気づきを引き出す

Ⅰ むかしの道具

　むかしの道具は、子どもにとって身近でないものが多い。単元のはじめに実物を提示し、「どんな使われ方をしていたと思いますか。」と問いかけた。子どもたちにとってイメージしやすい道具もあればそうでない道具もあった。みの、わらぐつ、草履などは昔話に登場するのでイメージしやすい。火のしなどのアイロンは使い方が分からない子どもが多かった。ちなみに、自分の家や祖父母の家にある昔の道具について調べさせると、以下のような道具が出てきた。

> 火箸・ろうそ・火熨斗・行灯・石臼・石油ランプ・洗濯板・籠・黒電話・石臼

　むかしの道具が残っている家庭があることは意外であった。当然ながら、現在の生活で使われていることは無い。そこでいくつかの道具を実際に使ってみることにした。

Ⅱ むかしの道具を使ってみよう

1 真冬に洗濯板を使う

　「洗濯」を題材に取り上げ、洗濯板で自分の靴下を洗う体験をさせた。ポイントは、真冬の冷たい水で体験させることである。子どもたちは早速、「きゃー、つめたい！」、「手が動かない」、などと言い始めた。一方で、

本校にある昔の道具

「洗濯板の溝に水がたまるようになっているんだ」と道具の工夫について気がつく子どももいた。そして、以下のことに気がつく子どもがいた。

> 「こんなに大変なら、毎日は洗っていなかったんじゃないかな。」
> 「家族分を洗濯するのは大変。」
> 「洗濯機は便利」
> 「他の昔の道具ではどう変わったのだろう……」

　毎日洗っていなかったという予測はとても重要である。実際に、洗濯機が普及する前までは、1日服を着て洗うという現在のような生活を人々はしていなかった。そんなことをしていたら、食事や畑仕事などの仕事が回らなくなる。逆に考えれば、洗濯機がいかに人々の生活を変えたのかということも分かる。

2 石臼で米をひく

　子どもたちの中で石臼に興味をもった子ど

洗濯板で靴下を洗っている様子

もが多かったので、実際に米をひいて上新粉を作る体験をした。ちなみに、米をひいて粉にすると上新粉というお団子を作る粉になることを知らない子どもは多く、それにも驚いていた。

　まずは、一人1回ずつ回してみることにした。「思ったより回すのが重い」という声が聞かれる中、全員の児童が体験し終わった。石臼を回してもまだ米が挽き終わらず。「まだ、終わらないぞ」「もう一回ずつだ」と続けていった。「たまにだったらいいけど、いつもやると結構大変」、「やる人が疲れる」という感想が子どもから聞かれた。

　最後に、昔は粉を挽く作業をしていたのは、子どもであったことを伝えた。子どもたちはとても驚いていた。むかしは、子どもも家庭の中での大切な労働力であった。それだけ生活をするのに人手が足りていなかったということであろう。

3　子どもの関心は石臼の仕組みへ

　子どもは米を挽いた後、「どのようにして米が上新粉になるのか。」と疑問を持った。そして、石臼の中を見てみたいという声が上がった。そこで石臼の中を開けてみた。

- 溝が模様みたいになっている
- 溝に米粒が入っている
- ごりってなって粉になるみたい

　子どもたちは、石臼の仕組みに関心していた。また、米がまだ残っていることにも気がついていた。石臼は1回ひくだけではすべてが粉にはならない。ふるいにかけて何度も引いてすべてが粉になるのである。そうすると、すべてを粉にするにはかなりの時間を要する。子どもたちにむかしのくらしについて伝わったことであろう。

III　体験が引き出す気づき

　実際に道具を使うことで、子どもはむかしのくらしについて実感できた。ただ、社会科の学習として扱う際には、どれだけの時間がかかるのか、だれがその仕事を担うのかという点に着目させたい。家事労働にかかる時間の変化は、人々の生活や社会を大きく変えてきたからである。ついつい道具の仕組みに子どもは関心を向けやすい。しかし、社会科ではこのような道具を使って日々の生活をおくるとどうなってしまうのかを想像する力をつけていきたい。実際の道具に触れることで、道具が変わると暮らしが変わることを実感できる「深い学び」となった。

赤池洋一

石臼を実際に回している様子

4年生「環境」

価値判断力を育成する社会科の授業

I　社会的な価値判断

　環境をテーマにした社会科の学習は、自然環境の大切や資源の有限性の理解で留まることが多い。だが、社会の本質的な問題には光と影がある。時には批判的思考の中で、環境を守る意義があることを価値付けしていかなければならない。特に持続可能な開発のための教育（ESD）を踏まえると、持続可能な社会を構築する担い手を育む視点にも立って議論できる教材開発・授業作りが必要となる。

　そこで、子どもたちが社会の諸問題に対して社会的立場を踏まえた価値判断を行い、友達と考えを合意形成して自らの考えを追究していく授業を試みたい。例えば、切実感のある社会の諸問題を通して、授業の中で様々な価値対立や矛盾を生かした考え合う授業を展開していくことが効果的である。具体的な体験や資料を根拠にして、社会の事実や認識を深めながら、さらに追究する姿勢を育てる学習が肝要となる。

II　切実な問いから授業を作る

　4年生で学習するごみ問題に関する内容は、3Rについて取り扱い、「ごみの削減」「リサイクルをする」「繰り返し使う」など、実生活でできる環境への関心と主体的な行動を高めるための学習を行っていく。自分の実生活とごみの問題は、個人の問題でもある一方で自分たちの居住する地域と切り離すことができない切実な問題でもある。環境面だけではなく、個人や地域の経済的な負担になっている事実がある。だからこそ、子どもたちが今ある実生活の現実と課題を理解する中で、地域のごみ問題解決に向けた考えをもち、具体的な行動につながる判断をする授業の構築が必要となる。

III　価値判断から生まれる問い

　本実践は、武蔵野市のごみ袋に着目させた授業である。価値判断を行う授業を通して、環境問題の本質と理解につなげていくことを重視した実践を行うことにした。武蔵野市のごみ袋は有料であるが、東京23区はごみ袋が指定されていない。そこで、ごみ処理の各地域での対応の違いや矛盾さについて考える中で、芽生えた新たな気付きや疑問を中心とした授業を展開した。

　学習の中で、子どもたちは「ごみチャレンジ600」を宣言している武蔵野市のごみ減量化の取り組みの事実と出会った。その成果や課題について追究する中で、なぜごみ問題が環境問題と結びつくのかについて考えていく

ことにした。そこで、学習の中では『ごみ袋は有料であるべきか、無料であるべきか』の価値判断をする場面を設定した。ごみ問題は環境面のみならず、実生活に即した経済的な負担も大きいからである。

　授業では、「ごみ袋は無料が良い」と判断する子どもたちが多数を占めた。だが、武蔵野市のごみ処理費用の負担を示す資料を提示すると、市の予算から見たごみ処理費用の占める金額や割合の大きさに気付いた。子どもたちからは、「市のごみの量は処理費用の総額がとても高いから、ごみ袋が有料なのは仕方がない」、「ごみ袋が有料だと家計に響くのでは」、「もっと値上げすれば、ごみを出さなくなる」という多様な考えが出された。ごみ処理の問題に切実感をもって議論し始めた。子どもたちは武蔵野市のごみ問題の現状把握に留まらず、ごみ処理費用をもっと有効に使うことに気が付いた。個人の努力次第で環境にも地域にも貢献できることが分かり、自分たちの生活を見直そうと考えていった。

　本時を通して、ごみ処理問題が環境面のみならず、自分たちの生活と密接に関係している大きな問題であることを理解した。ごみ袋の有料化はごみを減らす一つの方法につながるという価値を重視する子どもたちの姿が見られるようになった。そこで、子どもたちに『他の地域のごみ袋はどうなっているか』という、他地域と比較して考える問いを投げかけた。23区は「なぜごみ袋が指定化されていないのだろう」、「ごみ処理方法が違うのはなぜか」といった素朴な問いを持ち始めた。こうした疑問や認識の中で、子どもたちはごみ問題の解決に向けた取組みについて、環境問題や3Rの重要性を踏まえ切実感をもって考え合うことができた。

Ⅳ　価値判断の授業作りのポイント

　価値判断の授業は、必ずしも正解が出ないテーマもあるが、社会の価値観の多様性と向き合うことができるだろう。また、社会の事実を根拠としつつ、公共性を意識した価値判断の問いは、自分の生活の質の向上へ目を向けていくことに繋がるものである。価値判断を軸とすることで、個々の利害や価値観の対立を乗り越えて、合意を形成していく手順の中で、社会の一員としての自覚を持つことにつながると考えている。

内川　健

5年生「防災」

資料が引き出す「深い学び」

I 社会科学習における資料

　社会科学習の中心は、資料の読み取りである。資料をもとに子どもたちが話し合ったり、発表したりする授業実践は多い。

　しかしながら、「活動あって指導無し」と言われるように、そこに子どもたちの学習が無い授業が多いようにも感じる。写真を見て感想を言い合うだけの授業、生産者の思いや願いを自由に想像して発表するだけの授業などがそれである。社会科の学習として子どもたちが何を学んだのかが曖昧で、意見を活発に話していることのみが評価される授業が多いのである。

　本校社会科部では、教材開発のための巡検に出かけ、社会を見る新しい視点が育つような資料の収集に努めてきた。ここでは、その一例を紹介したい。

II 輪中地域を防災の観点から見直す

　2017年7月に、防災をテーマに研究授業を引き受けることになった。そこで、輪中地域を防災の観点から見直すという授業を計画した。

　一般的に「低い土地の暮らし」として5年生の1学期に学習される内容である。堤防で囲まれた土地で米作りなどが紹介され、水屋や水防倉庫などの水害対策、三川分流工事などの治水工事について扱われる単元である。

　こうした学習事項を発展させて、現在では水害に対してどのような対策がなされているのかを学習する授業を計画した。

III 現地へのフィールドワーク

　実際に輪中地域の暮らしについて知るために、2017年6月にフィールドワークへ出かけた。目的は、海津市歴史民俗史料館の学芸員さんのお話を聞くことであった。主に3つの質問事項をもとにインタビューを行った。

　1973年の豪雨以来大きな水害は起こっていない事、水屋は現在ほとんど機能していない事、堤防は周りよりも高い場所にあるので避難場所にもなる事、「堤防が切れたぞ、堤防へ逃げろ。」などの言い伝えがあるということが分かった。その後、インターネットで検索したところ、「堤防が切れたぞ、イモを洗え」（食糧を備えること）という言い伝えもあることが分かった。

IV 授業の実際

1 言い伝えをきっかけに

　「堤防が切れたぞ、〇〇へ逃げろ、皆さんはこの〇〇には何が入ると思いますか。」とい

う問いから授業に入った。

> 「山に逃げろじゃないかな。」
> 「いや、輪中には山なんか無いよ。」
> 「木の上とか。」
> 「木の上は、危ないだろう。」
> 「千本松原で強化したと言っていたよ。」
> 「普通なら小学校とかじゃないかな。」
> 「でも、小学校も低い土地に建っているよ。」
> 「確か、水屋があったよね。」

輪中の地形や学習事項を使いながら、子どもたちは様々に考えた。

2 決壊したらどこが危険かな

堤防が決壊したら、どこが危険かを子どもに問いかけた。

> 「決壊した堤防からは離れた方がいいよ。」
> 「川が曲がっている地点は、今後決壊しそうな気がするな。」
> 「堤防から離れた方が良いから、輪中の中心が安全かも知れない。」
> 「でも、堤防から離れても、低い土地しかないよ。」
> 「そうか、低い土地だから、真ん中の方にどんどん水が溜まっていくんだ。」
> 「どこに逃げれば良いのだろう。」

3 ハザードマップから読み取る

答えを見つける資料として、海津市のハザードマップを提示した。そしてハザードマップで浸水しないとされている場所を赤色で塗らせた。すると赤い場所はちょうど堤防のある場所に重なっていることが分かる。

「なるほど、堤防は高いから安全なんだ。」
「堤防が避難場所なんて、東京に住んでいる僕たちからは、想像もつかないな。」
「堤防が切れたぞ、堤防へ逃げろ」この言い伝えに子どもたちは、驚いていた。

ハザードマップから読み取る

4 インタビュー映像で確認

最後に、海津市歴史民俗資料館の学芸員さんのインタビュー映像を見せた。水屋が今は使われていないことや、堤防に避難所が建設されていることが紹介され、子どもたちは納得していた。

Ⅴ 子どもの深い学びと社会科の資料

授業後、「自分で避難計画を立てているみたいで楽しかった。」「自分の地域のハザードマップが気になった。」「堤防に逃げるなんて、意外で驚いた。」と、感想を書いていた。

この学習を通して、子どもたちは地形や自然的な条件が異なると、取るべき避難行動が変わってくるということに気がつくことができた。子どもたちが新しい社会の見方・考え方を得ることができてこそ、資料をもとにした話し合いで、「深い学び」が生まれるのである。

廣瀬大二郎

危険な所を考える

6年生「歴史学習」

体験学習を生かした授業づくり

I 社会科の教材開発

　社会科部では教材開発のため、毎年テーマを持って日本各地を訪れ、その学びを元に研究授業を行っている。2017年度は、「千葉の歴史・産業をさぐる」というテーマで、千葉県佐原市にある伊能忠敬記念館、伊能忠敬旧宅を訪れた。この巡検で得たことを子どもたちの学びにつなげたいと考えた。

　社会科のカリキュラムの中では、『町人の文化と新しい学問』の単元の中で伊能忠敬が取り上げられている。そこで、「伊能忠敬と日本地図」という特別単元を組み、2時間の授業を計画した。ここでは、その授業について紹介する。

II 授業の準備

　千葉の巡検の際、社会科部で「伊能中図」を購入してきた。この地図には、日本地図と測量の足跡が記されている。1時間目はこの中図を使って伊能忠敬が作成した日本地図に関心を持たせ、2時間目は伊能が行った測量法を実際に体験させることはできないだろうかと考えた。子どもでも体験できる測量法はないか調べたところ、国土地理院が企画・実施した「伊能忠敬になって日本を測ろう」というイベントに行き当たった。そこで、国土地理院に連絡を取って伺ったところ、小学生でも実践できる方法として、「導線法の測量」を教えていただくことができた。この体験は、歩測による距離測定と

自作の測量器具

分度器による角度測定を行いながら、導線法による測量を行う体験である。そこで、教えていただいた測量器具をもとに、器具を自作した。

III 授業の実際
1　伊能忠敬について（1時間目）
教材：「伊能中図」・「映像」
・伊能図と現在の日本地図を比べ、伊能図が現在の日本地図とほとんど変わりないことを確認した。

伊能中図を広げる

- ワークスペースに出て伊能中図を自分たちで協力して広げて、中をじっくりと見た。地図の中に線や○印、地図記号、地名など、細かい情報が書かれていることを知った。
- 伊能忠敬記念館からお借りしたアニメーション映像『人間忠敬』を視聴し、伊能忠敬がどのような人物なのかを知った。

2　測量体験（2時間目）

教材：自作の器具（分度器・棒2本）、巻尺
準備：ホールに4ヶ所観測場所を作成、最終地点を当てるクイズ形式にした

「伊能忠敬はどのように測量を行ったのでしょうか？」

- 様々な器具を使った。
- 実際に歩いて行った。
- 天体観測も行った。

「伊能忠敬が行った導線法を体験しましょう」

　導線法とは、測線に沿い距離と方位（角度）を測りながら前進する方法である。この方法を、歩測、角度、位置を知る（距離・角度・計測）という順番で説明した。

歩測

　ここでクラスを半分にし、歩測を行うチームと測量の説明を聞くチームに分けて行った。歩測では、10m

測量の様子

の距離を2回歩き、歩幅数を数えて一歩幅を算出した。

　測量の場では、例題を示しながら、分度器の使い方、進み方を説明した。その後4人一組に分かれ、測量場所に振り分けて実践した。

「体験してどうだったか、まとめましょう」

- ぼくは、このような地道に測量を続けた伊能忠敬がすごいと思います。しかも、これを日本中でやったと思うと、ますますびっくりしてしまいます。
- このようなチームワークがとても必要な測り方で、日本一周するのは、とても大変なことだと思った。
- 今の地図とほとんど変わらない地図をGPSもない時代に、測量だけで作ったので、本当にすごいと思いました。

　このように、子どもたちはこの体験を通して、精密な測量器具もないこの時代にこれだけ正確な日本地図を作るのがどれだけ大変であったか、身を持って知ることができた。

IV　授業のまとめ

　今の時代、詳細な地図帳やGPSがあり、知りたい場所を簡単に調べることができる。あって当たり前である地図がどのように作られたのか、今回のように測量方法を実体験したことで、当時の人たちの学問の進歩、工夫、苦労など、様々なことを身をもって知る事ができた。このように体験したことはこの先も子どもたちの記憶に残るのではないだろうか。

　これからも体験学習を取り入れ、子どもたちの「深い学び」になるような授業作りを考えていきたい。

矢島清子

算数科が大切にしてきたこと

I 算数科の特色

　本校独自の算数の副教材を用いて、算数における基礎基本の充実を図り、数量や図形の感覚を豊かにすることと共に、筋道を立てて考える力を伸ばすことを目的に、算数の指導を行っている。

　また、日々の指導では、問題解決を通した集団の中での学び中で、一人ひとりから出された多様な考え方を尊重するのと同時に、共に学んでいく姿勢を養いつつ、算数的な価値の共有化も図りつつ、たくましい実践力をつけることも考えている。

II たくましい実践力をつける上で算数科として大切にしてきたこと

1 主体的に学ぶ力の育成

　算数は、子どもによって創り上げられていく教科であり、子ども一人ひとりの創造性を伸長できるという典型的な面を持つ。

　子ども一人ひとりの創造性を伸長するということであるならば、教科書解説による知識伝達や、機械的なドリルによる技能の習熟といった旧来の指導から脱却し、数学的な考え方や関心・態度を育てることを主眼として、子どもの学ぶ意欲や子どもの発見・創造を大切にする指導へと変わっていく必要がある。

　成蹊小学校では、後者の指導方法をとっている。ある学習内容があったとき、それを理解できたあとは、その学習内容に関係する「チャレンジ問題」、あるいは発展的な問題を考え、解決することを通して、さらなる理解の段階をと考えている。

　また、教師は、教材・教具の活用も図っている。なぜなら、教材・教具を必要な場面で活用することは、子どもの意欲や知識をさらに伸ばすことにつながるからである。

　実際の授業において、必要な知識や技能を一つも落とすことなく網羅的に教師が児童に伝達していくことはまず不可能であろう。したがって、子ども自らが主体的に学ぶ力を身につけることが必要となってくるのである。

　そのためには、学ぶ意欲を持った人間を育てることが必要であり、そのためには算数の

よさを味あわせたり、算数を活用することを通して算数を学習することの価値を知らせたり、数や図形は有用性だけでなく、美しさも不思議さも面白さも持っていることなどを分からせたりしながら、算数を学習し続ける人間、すなわち主体的に学び続ける人間を育てていくことが大事にもなってくる。

算数は他の教科と違って、適切な指導があれば、既に学習した事柄を基に、子ども自らが新しいことを見つけたり、創造したりすることができる。

例えば、検算では、仮にたし算をして「17＋38＝54」となる結果が得られたときに、和の54が本当に正しいかを「54－38」のひき算をすることで差が16となって、被加数の17とは違った答えが出てきてしまったため、「17＋38＝54」は間違っているというように、自分が出した結果が正しいか、

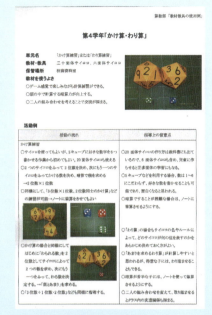

教材教具を利用した展開例

誤っているかを自ら確かめることもでき、身に着けた知識で自らの誤りにも気づき、自らを正していくこともできる。

積極的に算数と関わり、そして、算数の学習活動を通してアクティブに様々な経験や体験をしていくことにより、主体的に学ぶこともできるようになっていく。そのための教材・教具の研究もしてきている。

2 問題解決力の育成

算数では数量や図形についての問題が与えられることが多いが、そのプロセスの中には、必要な情報を求めたり、多くの情報の中から必要な情報を選択したり、それらの情報を適切に組み合わせて処理したりしながら、問題を解決していくなど、一般の問題を解決するときに役立つ考え方も数多く含まれている。

算数を学んで獲得した知識・技能は問題解決に役立つが、同時に、それらを用いて問題を解く経験は問題を解決する力を育てるためにも役立っている。

問題を解決する力は、日常の生活を送るためにも、また、他の知識を獲得したり、今後も算数を、しいては数学を学び続けたりしていくためにも必要なものである。

与えられた問題をただ解く、個々の問題の解法パターンのみ覚えるだけでは、問題解決の力が伸びていくとは限らない。

問題解決の力は、授業の中で、あるいは、普段の学習の中で、個人個人がいろいろなアイディアを出し合い、あれこれと解法のアプローチの仕方を考え、それぞれの求め方のよ

い面を考えつつよりよいアプローチの仕方を求め、考え方を練り上げていくことによってこそ、身についていくものでもあると考える。

3 考える力や創造力の開発

子どもが主体的に取り組む授業とは、「子ども自らが問い（疑問、驚きなど）を持ち、既習を活用しながら、解決方法を追求する」ものである。さらに、解決過程を吟味していく中で、発展、統合的に考えたり、新たな考えが学べるなど、子どもにとって意欲的になると考える。

本校では、教材・教具を開発してきた。その一つに「こみちの算数のプリント」がある。そのプリントは、基礎基本の定着や少し難易度の高いものもあるなど工夫されている。それは、ただ単に問題を解決するだけでなく、子どもが自ら問いを持ち、解決できる問題にしている。同時に、問題解決の過程を通して、新しい知識や新しい技能を獲得することもできるからである。そのような場は、知識を獲得する場というよりも、知識を作り出す場、発見・創造の場といった方がよいだろう。そして、算数の授業においては、その創造のプロセスを経験させる場でのみならず、問題解決以上に考える場となり、「さらなる考える力を伸ばす場」ともとらえている。

例えば、「3つの内角のうち、2つが65度と75度となっているとき、残りの一つの内角に対する外角は何度か。」という問題の場合で、「①三角形の内角の和は180度、②65＋75＝140で、2つの角の和は140度、③だから、180度から140度をひいた残りがもう一つの角の大きさであるが、そのもう一つの角の内角と外角の和は180度になるため、外角が他の2つの内角の和と同じになり、答えは140度」といったように順序よく解いていける。

算数がそのような性格を持っていることから、算数を学ぶことが、順序よく考え論理的な推論をする力を伸ばすのにも役立っている。

算数の指導は、数学を創造するプロセスを経験させるように行われることが多い。算数の学習では、知識・技能を習得する過程において、論理的に推論することなどいろいろな考え方が用いられる。いくつかの事象から法則を帰納する考え、一般化された法則を特殊な場合に演繹する考えもよく見られる。本校では、授業の中で、このような数学的な考えを特に重視して指導している。

また、形式化を図ったり、一般化を求めたり、より

こみちの算数

能率的な処理方法を求めたりするなどの考えも同様に重視している。それらの経験が、数学的な考え方、しいては、ものを考える力を育てることに役立っていく。

4　粘り強く課題に取り組み共に考えを深め合う姿勢

　算数科における集団での学習では、「粘り強く課題に取り組む」ことと、出された考えを共有して、より「考えを深め合う」ことがとても大事なことである。

　「粘り強く課題に取り組む」には、課題解決の際に、すぐに解決できないような問題に出会ったときでも、既習の知識をフルに活用して、まずは自力で解決しようという態度が大切である。そして、子どもが困っていても、教師はすぐに支援するのではなく、問題解決している子どもに対して、あきらめない姿勢を育てることが大切である。また、教師は、もし最終的に自分の力で解決できない場合でも、友達の考えを聞くことで、考え方を理解する姿勢も同時に育てることも必要である。このような、子どもが粘り強く取り組む姿勢を育てるには、教師が取り組みのよい子どもを褒めたり、時には児童を課題解決過程で励ましたり、課題解決への意欲を持たせることが大切であると考える。

　「共に考えを深める」とは、学級集団の中で、自分の考えを友達に説明し、出てきた様々な考え方を吟味する中で、それぞれの考え方の良い点などを比較検討していく中で、良いものへと練り上げていくことである。

　子どもが自分の考えを友達に上手く伝えるためには、まず、自分の考えを持つことが大切である。その上で、話すときには、聞き手を意識して伝えることが大切である。しかし、自分の考えが一度で聞き手に伝わるとは限らない。そこで、話し手は、聞き手から「もう一度言ってください。」とか「途中からよく分からない。」などと言われたら、再度説明する必要がある。そして、その再度の説明活動こそが話し手の表現力が鍛えられることにつながる。

　つまり、これらの一連のやりとりは、聞き手も同時に育てることにつながる。話し手と聞き手の互いが学び合うことで、思考力も表現力も高まっていくのである。現在算数部として研究している「表現力の育成」は、まさにこれら一連のやりとりを大切にし取り組んでいる。

関根祐孝

1年生「繰り下がりのある計算」

対話を通して子どもの問いを引き出す

I 深い学びにつなげる算数授業とは

1 子ども自らが「問い」を持つこと

　最初の課題は教師から提示する場合が多い。それは教師の意図する課題であり、子どもは受け身である。しかし、課題解決の過程で、「この場合は、どうなんだろう。」「別の数字にしたら、使えるのかな。」など、子どもが疑問を持つことがある。その疑問こそ、自ら問題を見いだすことにつながると考える。

　時には、「え？」「あれっ！」「いいのかな。」など、子どもがつぶやく場合があるが、そのつぶやきこそ、子どもが問いを持つととらえられる。つまり、その時の子どもは、「調べたい」「はっきりさせたい」という気持ちが沸き、教師が解決する時間を設定することで、子どもの主体的な姿が生まれるのである。

2 子どもの問いを授業に生かすこと

　子どもの問いは、「〜なのかな？」というような、きれいな形で表出するとは限らない。得てして、「え？」「あれっ！」「どうかな？」などの感嘆詞で言う場合が多い。

　その短い言葉の中でも、子どもの思いがつまっており、「えっ？」と言う言葉を発するときは、想定外のことやすぐに答えられない場合が多い。

　そして、間髪おかずに、教師が「えっ？てどういうこと」と教師が追求すると子どもは困る。

　このように、教師は、子どもに困る場面をつくることで、「調べたい」「はっきりさせたい」という気持ちを引き出し、本質的な課題へとつなげていくことが大切である。

　また、子ども全体に問いを広げ、子ども自身の課題を、追求させることで、深い学びにつながると考える。

II 授業の実際

13−9の計算をどう解決させるか

　13−9の計算は、求残、求差の場面で使われる。その際、減加法、減減法といわれる方法で解くのが一般的である。

　しかし既習で、数の線で10の次が11であること、12の前が11であることなどを学んでいる。また、答えが8になる計算の式をカードを使って考える学習もしている。そこで、減加法、減減法以外の方法でも、計算できないかを考えさせたい。そして、既習と関連づけながら、子どもの考えを引き出し、授業を展開していく。

1 課題提示をする（教師の課題）

　「13−9の計算を、みんなならどのように考えて計算する」とシンプルに発問した。

子どもたちは、「できるよ。」と反応したので、ノートに計算式と考え方をかくように指示をした。

2　対話を通して、考えを深める

AさんとB君の2人を指名し、式のみを発言させ、板書した。式から友達の考えが分かるか、隣の子と確かめる時間をとった。友達と対話することで、友達の考えをより深く理解させるためである。子どもの考えは、減加法、減減法の2通りであった。

```
Aさん　10－9＝1
　　　　3＋1＝4　　（減加法）
B君　　3－3＝0
　　　　10－6＝4　　（減減法）
```

3　子どもの問い（課題）を引き出す

子どもの問いを引き出すために、敢えて、「もう、これ以外の考え方はないよね。」と子どもたちに発問した。

もうこれ以上ない、まだ他の考え方もあるという両方の子がいた。そこで、子どものずれを生かし、他の方法は考えられないか、クラス全体で考えることにした。

4　他の方法を考える

既習を想起して考えている子がいたので、その中からEさんを指名した。

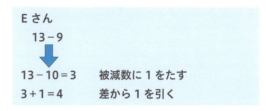

減数に1を足し、差から1を引く、新たなアイディアが生まれた。

「簡単に答えが出るね。」とつぶやく子がいた。また、Fさんを指名し式のみ発表させた。

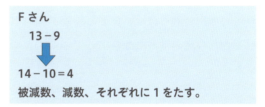

両方に同じ数を足して引き算をしても、答えが同じになることに、驚いている子が数多くいた。また、「とても便利だ。」「計算しやすい。」とこの計算方法について、つぶやいている子もいた。新たな考え方がいろいろ出た授業だった。

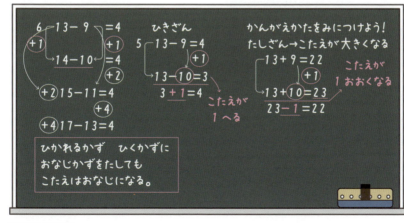

授業後の板書

尾崎伸宏

3年生「分数」

試行錯誤を通して考える

本校では3年生で初めて分数を学習する独自のカリキュラムを作っている。小数を学ぶのと同じ時期なので、小数と同じように、分数のもとの「1」となる大きさを意識しやすい。また、同分母の加減まで学習をつなげられるので、分数と数についての理解が深められるのも今後の学習につながっていくことになる。

I 「知りたい」気持ちを引き出す導入

担任の名前を使った**1さやか**という任意の長さの単位を設定し、それよりも長い紙テープを見せたのち、次の課題を提示した。

課題提示

子どもたちはウエストと聞いて大盛り上がり、さらに教師がウエストに巻いて見せるとさらにやる気満々になる。その気持ちを持たせるために、子どもたちが盛り上がりそうなネタを授業の導入に持ってくることも、学びに対する粘り強さを引き出す大事な仕掛けを

考えた。また、表す数が仮分数にならないよう、はしたの長さにも注目させた。

II 粘り強く考える時間の確保

はじめに、既習の小数第一位までの小数では表せないことを確認して、定規は使わないというルールを徹底してからかなりじっくりと考える時間をとった。予備の紙テープも用意して、うまくいかなくなっても新しいもので挑戦できるようにした。子どもたちもこの問題に、となりや周りの友達と声を掛け合いながらじっくり試行錯誤を繰り返していた。

テープを貼って考える

A「1さやかの分だけ先に切り取ってはしただけにしてみようよ」
B「クリップを並べてみたらどうかな、あーぴったりにならないや」
C「はしたを1さやかに重ねてみたらどうなるのかな。」
D「折りすぎで分からなくなってきた」

折ることで○等分というものを見つけようとしている子が多かったが、はしたの方ばかりを折って1さやかを見ていない子に対しては声をかけて、もとになる大きさを意識できるようにした。

考え方の発表

Ⅲ 友達に説明して、整理する

答えは言ってほしくない、自分たちで答えを導きたい、という子どもたちの声もあり、班での活動も取り入れた。自分で考えたことを人に伝える言葉を考えることで、さらに理解が深まる。話している間に整理されてくる。分からなくなってしまっている子も友達の意見から学ぶことが出来る。友達のアイディアから、その説明に納得して、すっきり表現する言葉を見つけられたある班は、「キャー！先生、先生！出来たできた！」と班全員で抱きつかんばかりの興奮で報告をしにきた。その喜びも真剣に考えたこそのものだろう。

1時間目の最後に、自分たちなりの答えを見つけた班に学級全体へ向けて発表してもらった。次の日の算数の時間に続けて発表の時間を取ると、4つの案が出てきた。どの考えが分かりやすいかを問うと発表を聞いていた子どもたちはおのずと正解の分かりやすさに気づいていく。当然誤差も生じてしまうので「ちょっと」のずれは誤差とした。

最後に3分の1という表し方の説明をした。子どもたちの見つけた長さに当てはめると、「はしたの長さは**1さやかを3つに等しく分けたうちの2つ分**」と表現した長さは**3分の2さやか**、となる。子どもたちが見つけたもう一つの分け方は、**6分の4さやか**、そしてこの2つは同じ長さだということもつなげて学ぶことが出来た。今回は仮分数は扱わなかったが、仮分数も正解の一つである。次の学年につながる学びも3年生からできるのである。自分たちで粘り強く考えた結果の学びは心に強く残り、高学年での学びを深めるための学習の土台となるだろう。

高野さやか

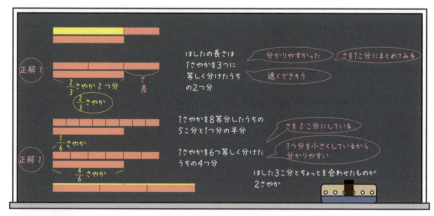
授業後の板書

> 5年生「円と正多角形」

日常場面を利用して考える

Ⅰ　問題場面をイメージする

「円と正多角形」の単元のまとめの一つとして、実際にトラックを描く授業をした。

下の図は、本校が運動会で使用しているトラックである。5，6年生は100mをセパレートコースで走るが、実体験をもとにすることで子どもが問題場面をイメージしやすいので、このトラックを利用した。そして、「100m走を行うには、1コースから順に各コース何mずつスタートをずらせばよいでしょうか？」と子どもたちに問いを出した。

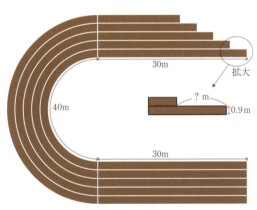

トラックの図

Ⅱ　なぜスタート位置が違うの？

まずは、なぜスタート位置がコースによって違うのかを確認した。子どもたちにとってスタート位置の違いはイメージがしっかりとついているようで、
「外側のコースのほうが大回りしているから。スタートが前になる。」
と一人が意見を出した。このことは、すぐに全員が納得していた。その点をしっかりと児童に確認させてから、その後スタート位置の差について考えさせた。

Ⅲ　差は何m？

「じゃあ、1コースと2コースで考えると、2コースのスタート位置は、1コースのどのくらい前になっているんだろう？」

この問いについては少し子どもたちに話し合わせてから意見を聞いた。すると、徐々に、
「ストレートでは差がつかないで、カーブのところで大回りするのだから、カーブの差の分だけスタート位置を前にするんじゃない？」
という意見が出てきた。

しかし、何人かはまだイメージが持てていなかったようなので、ひもを使って下の図のように、それぞれのカーブを直線にして見せたところ、しっかりと理解できたようであった。
「ということは、この2本のひもの差の分だけ2コースのスタート位置を前にすればいい

テープで曲線を直線にする

グラウンドで測定

んだね。じゃあ、この2本の差はどのように計算すれば出るのかなぁ。」
と子どもたちに問いかけると、子どもたちは急にノートに計算をし始めた。それから、子どもたちの検証の時間へと進んでいった。

Ⅳ　1コースの幅を考え、検討する

> A君
> コースの幅は90cm。コーナーの長さを考えた時、この90cmが上にも下にも広がっているので、コーナーの直径が1.8m広がったことになる。よって、
> 1.8m×3.14÷2（半周分だから）
> 　＝2.826m

「そうです。先生たちは実際に毎年2.83mずつ測って、コース毎にずらしながらラインを引いていたのですよ。でもなぜ2.826mではなく、2.83mかというと、ラインは巻尺を使って引いているので、小数第二位までしか測れません。よって四捨五入すると≒2.83mになるわけです。」
　実際に使っている運動会の会場設営図を見せると、子どもたちは興味をもって眺めていた。やはり実際に自分たちが利用している場面を問題として使うと、イメージもつきやすく、興味関心も高まることを実感できた。

Ⅴ　さらに関心を高めるしかけ

「これで終わりではありませんよ。実は円の学習を学んだ君たちだからこそわかる、もう一つ面白いしかけがあるのです。それは黒板の数字にヒントがあります。」
と言って、そこから少しずつヒントを与えていった。最後のヒントとして、
「2.826mと2.83mの違いに注目しよう。」
というと少し気がつく子が出てきた。
ではこの問題は、何に気がつけばよかったのか？
　つまり、円周率が無理数であるところがこの問題の面白さなのである。
実際の差というのは
　1.8m×円周率÷2
ですが、巻尺の機能の関係で、それを
約2.83mでとっているのである。
円周率を3.14で計算するだけでも
　2.83m − 2.826m ＝ 0.004m
すなわち4mmの差が出てくるのである。そしてこれが、6コースまであるから…。
子どもたちは有利不利という言葉に敏感に反応した。
「さあ、それではインコースとアウトコースではどちらが何センチ有利なのでしょうか。」子どもたちに発問し、授業を終えた。

　　　　　　　　　　　　　　　　永野　徹

6年生「縮図の利用（拡大図と縮図）」

体験活動を通して考えることの面白さを味わう

「縮図の利用」の学習で、直接測量できない木の高さや校舎の高さを、縮図を書いて求めていく活動を行った。子どもたちが問題を解決していく中で、「これまでの学習が使えるぞ」と感じることができるような場を設定し、より主体的に取り組む姿を目指したものである。

1　仰角測定器を使ってみよう

まず、各自が「仰角測定器」を作成した。

使い方を確認した後、グラウンドの隣にある学園内で1番高い建物の高さを、縮図を利用して求める活動を行った。どの長さを測ればよいのか、どの角の大きさを測ればよいのかをじっくり考えながら、ペアで測定をした。その結果をもとに、縮図を書いて、建物の高さを求めた。実際に外に出て活動することで、距離感など問題を解くだけでは分からなかった感覚も味わうことができた。また、それぞれが出した結果から、ほんの少しの測定のずれが大きな誤差になることにも気づいた。

①建物から40m離れた所で仰角を測ると50°だ。

②1/1000の縮図を書いて求めよう。

③縮図上で、目から建物の上までの高さは4.7cmだから、
4.7cm×1000＝4700cm（47m）

④47mに自分の目までの高さを加えると、
47m＋1.3m＝48.3m

Ⅱ　いちょうの木の高さを求めよう

　縮図を利用することのよさを理解したところで、いちょうの木の高さを求める活動を行った。テラスから見える木は、3階の教室の高さよりは、少し低いようだと予想できた。グラウンドに出て、いちょうの木のてっぺんまで見える所に立ち、木からの距離と仰角を測った。縮尺を考えて縮図を書き、木の高さを求めるということが定着した。

　他にも既習内容を使って、次のような方法で木の高さを求めたグループがあった。
・影を比較する。
　木の影と友達の影を比較する。
　木の影と1mものさしの影を比較する。
・5円玉の穴から覗く。
　5円玉を目の高さで持った手を伸ばし、穴に木が収まるよう、木から離れて立つ。

（穴の直径：5円玉と目までの距離
　＝木の高さ：木までの距離）
・木の横に棒を立て、離れた所に立って「木は棒の何個分か」を見る。

　各グループの測量方法と結果について話し合いを行っていると、子どもたちは、より簡単に測定する方法は何だろうか、より正確に測定するにはどうしたらよいだろうかと考え始めた。子どもたちの、もっと工夫して求めてみたいという気持ちが高まりは、次の日記からも見てとれた。

> すごーい！！
> 　最近、算数の授業では「拡大図と縮図」の単元をやっています。前はイチョウの木の高さを測ったりしました。そして今日は、体育館の高さを測りました。私の班は、チョー簡単、チョー単純なやり方で、仰角測定器のピッタリ45度のところで、体育館からの距離を測るだけです。45度で直角三角形になるので、体育館から自分までの距離を測ればOKなのです。「よし来た～！」なんて言いながら「12m」という結果を持ち帰りました。そして、12mと私の目までの高さ1.34mを足して、13.34mになりました。（中略）
> 　正解の時がやってきました！！「正解は、13.32mです！」ということで、ヤッター！心配していたHくんも大喜びでした。とっても嬉しかったです。

　この日記は次時「体育館の高さを求めよう」の活動について子どもが書いたものである。多くのグループが、学習したことを使ってよりよい方法を考え測定することができていた。
　このように、子どもたちが考える事の面白さを味わい、友だちと学びを深め合えるような授業を考え続けたい。

中川恵美

6年生「速さ」

実験を通して考えの正しさを確かめる

　6年生で扱う「速さ」の単元は、5年生の「単位量あたりの大きさ」の発展であり、内包量を扱っている単元である。実際に測量、測定できない量であるため、子どもたちは苦手に感じる単元である。距離・時間・速さの3量の関係を学ぶわけだが、この中で測定できるのは距離と時間だけである。決まった時間に移動した距離を測る、もしくは決まった距離を移動するのにかかった時間を計る。その結果から計算によって速さの強度を求めるのが「速さ」の学習である。外延量ではない内包量である速さを実感させるための工夫を授業では求められる。

Ⅰ　速さの学習の流れ

①小学校校舎から正門までの400mを、どれだけの時間をかけて歩くのが調べ、自分の歩く速さを知る。

　その結果を用いて、地図やマップメーターで求めた距離を歩いたら、どれだけの時間がかかるのかを考えさせる。

②乗り物、生き物などの速さを調べ、ある決まった距離を進むのにかかる時間を求める。音や光も含む。

③スピードガンを用いて、自分の投げたボールの速さを知る。

→ドッジボール3号球では、40km/h〜70km/hであった。

④通過算・旅人算に挑戦。
　プラレールを用いる。

Ⅱ　通過算・旅人算の授業の実際

　基本的な速さの学習を終え、発展的な問題に挑戦させる。電車が橋を渡り始めてから、渡り終えるまでの時間を求めたり、すれ違うのにかかる時間を求めたり、すれ違う地点を求めたりといった問題である。追いつくまでの時間を求めたりと、発展的な学習ではよく扱われる問題であるが、問題を解いてもなかなか実感がわかない。時速60kmで進む車と、時速40kmで進む車の相対速度は時速100kmであるので…といったところで、子どもたちは問題を解くには足せばいいのだで終わってしまう事が多い。それでは6年生のまとめ段階の学習としてはもったいない。そこで、これらの問題を全て実測値で行い、検証して正しいが確かめるためにおもちゃのプラレールを用いた授業を行っている。

1　敷き詰めたレールの道のりを求める

　プラレールのレールは長いものと短いものがあるが、考えやすいように長いレールを基本にレールを敷き詰めている。

直線レール⇒43cm

曲線レール⇒直径43cmの円を4本で作っている。

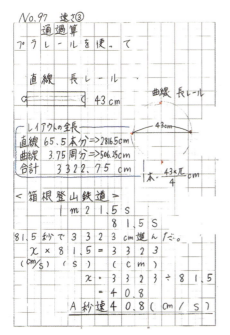

上記のノートにあるように短いレールを使った場合は、0.5本分として計算している。

2　1周走るのにかかる時間を計る

プラレールはその車両によって速さが異なる。秒速40cmくらいのものもあれば、秒速20cm、30cmのものもある。おもちゃなので、連続して走らせているとモーターの熱によって速さが変わってくるので、実験の誤差を少なくするために、電池はいつも満充電した充電池を使うようにしたり、長い間走らせないようにした。

3　ぶつかる地点を求める

速さ40.8cm/sのAと速さ22.9cm/sのBの近づく速さはどれだけですか。という問いにでつまずく子どももいたが、子どもがプラレールを実際に動かし、1秒後にはこうなるからと説明する中で、和を求めればいいということに気付くことができた。

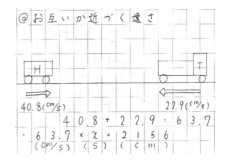

これを解いて、33.85秒後にぶつかることを求められた。

4　それぞれが進んだ距離を求める

求めた地点には、レールのレイアウトを変え複線に分かれるレールに置き換え、ぶつかるのではなく、すれ違えるようにする。

実際に走らせて、その地点で本当にすれ違えるのかとドキドキしてその瞬間を待つ子どもたちの顔は真剣そのものである。考え方、計算も皆で確かめ合っているはずである。それでも動いているプラレールを見ると、速さの差があるため遅い方のプラレールが先にすれ違い地点にくるように見える。見事すれ違う。大きな歓声がわく。問題を解いただけでは味わえない実感がそこにあるからである。実験を伴う算数の活動も大切である。

木下英樹

わかりやすい、楽しい理科をめざして

I 理科の特色

　理科の基本は見る（観る）ことである。それも、なるべく実物を見ることである。本校の理科では実物を見せることを重視してきた。実物を見せることで、なぜそうなっているのか、他のものはどうなっているのかなど疑問、興味がわき、自分の考えを持たせることができるだろう。そして、次の段階として実際に自分の手を使い、実験、製作を行い、生きた知識として自分の中に蓄積させることができる。

II 理科基本方針と単元設定

　成蹊小学校の教育の力点の中に次の3つがある。

1　自主的に学習に取り組み、生活をたかめる意欲を育てる
2　生きた現実や、実物から学ぶ意欲を育てる
3　望ましい環境づくりをめざし、その実現をはかる

　これらの教育の力点を理科の面でも達成するため、以下の3つの基本方針を定めている。

1　実践的・探求的態度を育てる学習を取り入れる
2　自然との接触を通しての学習をさらに推し進める
3　製作を目的とした学習を取り入れる

　この理科の基本方針に従い、中・高学年の学習領域を「植物」「動物」「物理」「化学」「地質」「気象」「天文」「飼育」「栽培」「製作」の10領域に分けて、それぞれの領域の柱を設けた。この領域の柱に沿って、各学年の学習内容（単元）が決定されている。
　この基本方針に従い、どのような授業が行われているかを次に述べていきたい。

III 実践的・探求的態度を育てる学習

　実践的・探求的態度を育てるために実物との接触場面を多く設定している。

3年生では、まず花のつくりを観察することから授業をスタートさせている。花の外観を観察し、次に中の部品の様子を観察させ、花の大きさや部品の形と数など様々な花の特徴を捉えさせていく。いくつかの花を見る中で、共通する特徴に気が付く子どももいて、さらに子どもたちの興味・関心は高まっていく。

　次に、カイコの成長段階を丁寧に観察させることで、昆虫の変態について自ら学びながら、観察のやり方、観察対象の見方を覚えていく。実物を観察することにより、実感を伴った知識が得られ、やがてその知識を活用できるようになっていくのである。

　この実践的・探求的態度を育てるために、常に考えざるをえなくなるような学習内容を計画することと、本来なら複数学年に跨っている内容を統合し、子どもたちにじっくり取り組ませることを目的とした単元を作っている。これは、様々な情報によって、子どもたちが知識先行となり、じっくり考え、質問し、友達と協力しながら学習（作業）を進めようとする意欲が足りない傾向が見られるからである。

IV　自然との接触を通しての学習

　本校では、伝統的に栽培活動を行っている。3年生では、春から秋にかけての植物の様子の変化を観察することを目的にし、オクラやワタなどを栽培している。4年生では種子で増える方法以外を知るためにサツマイモを栽培している。このことにより、子どもたちの視野が広まっている。5年生では、雄花、雌花に分かれる植物もあることを知るために、カボチャやキュウリなどを栽培している。6年生では、単子葉植物の代表として春からトウモロコシを育て、秋には自分たちで選んだ冬野菜を自分たちだけで管理しながら育てている。

植物の栽培

　さらに、自然との接触をさせる為に3つの学年で校外での理科学習を行っている。

　4年生では、夏の学校の中で海の学習を数日行っている。海辺の植物の観察や磯の生き物の観察、採集、生態的・形態的特長調べ、海水中に含まれるものの抽出と観察、潮の干満の観察などがその内容である。子どもたちは事前指導で得た

海の生き物の観察

知識を元にして生き物を探す。実際に生き物を見つけると、さらにこんな所にもいると磯は大にぎわいとなる。生き物の観察をしているときは、生き物の感触、生き物の動きの速さなど実際に生き物に触れなければわからなかったことに喜び、さらにこんなことを調べ

ようと自発的に動いている。子どもたちが成長しているのを実感できる場面である。

5年生では、4年生と同様に夏の学校期間中に山の学習を行っている。高山に生息する動植物、湿地に生息する動植物、火山の噴火による地形の変化、森林を構成する動植物、森林の植物遷移の結果などを観察している。

夏の学校における山の学習

子どもたちは実際に高山植物を見て、「なぜ同じような色をもつ植物が多いのだろうか」「なぜ、色鮮やかな花が多いのだろうか」など新たな疑問を持ち、その理由を考えている。また、陽樹や陰樹が生えている場所を実際に見ることで、陽樹と陰樹の名前の意味を実感し、植物と環境との関係について理解を深めている。このことにより、子どもたちは環境によって適応する植物の力に驚くと同時に、様々な環境でも生き抜いている植物に感動している。やはり、自然環境を見せることは子どもたちを大きく成長させてくれるものである。

さらに、両学年ともに天気がよければ、星座の観察も行っている。4年生夏の学校では春の星座を中心に観察し、5年生夏の学校では夏の星座を中心に観察している。同じ時間なのに季節によって見える星座が違ったり、時間がたつにつれて星座の位置が変わることに、子どもたちの疑問が生まれ、自分で考える力につながっていく。また、美しい星空をのんびり眺めることは自然を敬い、慈しむことにもつながると考えている。

6年生では、10月に埼玉県小鹿野町で、地層、岩石、化石の観察、採集を行っている。実際に見学することで、地層の大きさ、一つ一つの層の違いを実感することができている。また、川原で実際にハンマーとたがねを使い、石を割りながら化石を探すことは、子どもたちの楽しみでもあり、実感を伴った学習でもある。

これらの校外での学習を通して、子どもたちの視野はさらに広がり、自分たちの生活と自然環境の関わりについても考えることができるようになっていく。

V 製作を目的とした学習

この学習では、創造的に製作すること自体を目的に、失敗しながらも物事を実践的・探求的に捉え、楽しみながら作業を進めていく授業を求めて定められている。子どもの創造性を伸ばしつつ、一人ひとりの子どもにあった学習を進めていくことを大切にしている。

3年生では、空気でっぽう、竹とんぼを作っている。球をうまく飛ばすため、竹とんぼをうまく飛ぶようにするために思考錯誤しながら完成させている。4年生では、モーターを使ったおもちゃ、楽器などを作っている。友達のやっていることも参考にしながら、よ

りよいものにしていこうという姿勢が見られるようになる。5年生でピンホールカメラ、テーブルタップ、ふりこをつかったおもちゃを作っている。ピンホールカメラは方眼紙に設計図を描き、はさみやカッターで切り取り、ボンドでくっつけて組み立てていく。一つ一つの作業を丁寧に行わないと、うまく完成しない。今までの自分の力と根気強さが試される製作であり、まさに「製作を目的とした学習」である。完成後に自分のピンホールカメラを使って「光」の学習を行う。自分で製作したピンホールカメラだからこそ、学習へもより興味深く取り組めると感じている。6年生では、電磁石を利用したおもちゃ、ろうそく作りなどを行っている。3～5年生までの経験を活かし、自分の発想力、製作力を発揮している。また、3年生から6年生を通して、「発明くふう作品づくり」を行っている。

　自分でものを作ることは、ものに対しての愛着を深め、自分にも作れるという自信ももたせてくれる。さらに、総合的なバランスのとれた心身の全面的な発達のためにも製作教材は必要であり、また有用でもあると考え、製作を大切にしている。

VI　発明くふう作品づくり

　前述した「発明くふう作品づくり」は、本校では40年以上取り組んでいる。これは、作品づくりが製作するために必要な創造力、製作力の向上だけではなく、様々な力が養われると考えるからである。

　発明くふう作品作りのスタートは「こまったこと」を探すことから始まる。とても便利になった世の中だが、まわりをよく見るとまだまだ「こまったこと」はいくつもあり、この「こまったこと」を見つけることでまわりをよく見る観察力が養われていく。高学年になると、自分のまわりだけではなく、世の中の人のこまったことを探す子どももいて、子どもの視野の広がりを実感する。

　夏休みに発明くふう作品を作ってきたあと、授業の中で作品の説明を行う。自分の作品はどのような使い方ができて、どのような点がすばらしいかを同じクラスの子どもたちにわかってもらうもらうために、様々な工夫をして発表する。発表を聞いたあと、子どもたちは感想を書く。6年生の感想を一例紹介しておく。

　「どうすれば生活においての困ったことが解決できるのかを考える力や、人のためを思う力がついたと思いました。発明くふう4年目でだんだんいい作品ができるようになってきたのもこの力が伸びてきたことを表していると思います」

　この感想からも、子どもたちの考える力、まわりをよく見る力などがこの実践から伸びていることがわかる。これからも子どもの成長できる実践を積み重ねていきたい。

林田真治

3年生「竹とんぼ」

自分で作ることの大切さ

I　はじめに

　竹とんぼづくりの授業は、自分で工夫しながら、作り上げることを目的としている。

　近年、子どもたちは自らの手を使って何かを作り、それを利用して学習したり、遊んだりすることは少なくなっている。その結果、不器用な子どもが増えている印象である。それを克服するためには、子どもたち自ら何かを作りだす体験を増やす必要がある。その際、教師は子どもたちに任せ、ゆっくり時間をかけて作ることができる時間を保証してあげることが大切である。近年、様々なことを学習させるために、1つ1つのことにじっくり時間をかけることが難しくなってきている。子どもたちも様々な経験が少なくなり1つ1つのことをやることに時間がかかるようになってきている。しかし、そのような今だからこそ、時間をかけて1つのものを作りあげることを大切にしたいと考えている。

　もの作りの中で、子どもたちは様々なことを考え、創造力、判断力が向上するだろう。さらに自分で作ったものを飛ばすことができた時、今までの苦労が実った達成感も味わうことができる。

II　ナイフの使い方

　竹とんぼを作る際には、切り出しナイフを使っている。しかし、現在切り出しナイフを使って何かを作った経験がある児童は少ない。そこで、ナイフの使い方の指導を行う。

　まず、ナイフを使うときには次のことを気をつけさせるようにしている。

①ナイフの刃を手で触らない。
②ナイフをもち歩かない。
③ナイフを、人に向けて使わない。
④ナイフで手を切る心配があるときは、手袋をはめて使う。

　これらのことを徹底してから、次に、えんぴつをけずってナイフを使うことに慣れさせている。ナイフの使い方は下の図のように指導している。

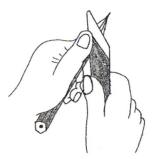

右手でナイフをしっかりにぎり、その手をあまり動かさないようにする。
　左手でえんぴつをしっかりにぎったら、左手の親ゆびをナイフのむね（せ）に当て、おしあげるようにして、その力でえんぴつをけずる。

ナイフの使い方

Ⅲ　竹とんぼづくり

右の図のような竹とんぼを目指して、子どもたちは竹とんぼづくりを行う。

①けずる所を記入する。

竹とんぼ

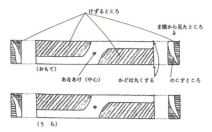

竹をけずる所

②じょうぎで長さをはかり、中心にまっすぐにあなをあける。
（実際は教員が穴をあけている）

③えんぴつをけずる時と同じやりかたで、表もうらもきれいにけずり、およそ2mmぐらいのあつさのはねをつくる。右がわと左がわのはねは、たがいに交わるようにバランスよくけずる。

製作の様子

④回転ぼうをはねに取り付ける。はねを水平にしたとき、回転ぼうは直角になるようにする。

⑤試し飛ばしをしてみて、まっすぐ前または上に飛ぶかを確かめる。飛ばないときは、さらにはねをけずって調節をする。

⑥しっかり、飛ぶようになったら、あなにはめた棒がぐらぐら動かないようにボンドでとめる。

Ⅳ　指導上の留意点

この実践では、ナイフを使うため、緊張感を持たせ、安全に使えるように徹底することが大切である。特に押し上げる指が痛くなり、つい離してしまいがちな子どもがいる。指が離れるとナイフが動きすぎて危険であることはくり返す必要があるだろう。

ナイフの使い方になれてくれば、けずる量も増えてくる。その時、「しっかり横から見ながら、左右が同じくらいの厚さになるようにするんだよ。」と言ってあげると、子どもはその点を意識して作ることができる。

子どもたちはだいたいけずることができれば試しとばしをする。しかし、傾いたり、すぐに落ちたり、なかなかうまく飛ばない。バランスが悪いからなのか、けずり足りなくて重いからなのか、子どもは懸命に考えてまたけずり出す。その時は、子供になるべく考えさせ、自分で困難を克服させることが大切である。このようなことに特に留意しながら、子どもたちが竹とんぼづくりを楽しめるようにさらに指導を工夫していきたい。

林田真治

4年生「ものの燃え方」

活きた知識を身につける

I　はじめに

　本校では、通常6学年の学習内容である燃焼の仕組みを4学年で学習している。酸素や二酸化炭素といった言葉を学習していなくても学べるように指導計画を立てている。4年生で燃焼の仕組みを学ぶ理由としては、6月に実施される宿泊行事において海水を蒸発させて塩づくりを行うためである。塩づくりでは、子どもたち自身でかまどを組み、火が燃えやすく長持ちするように細い木と太い木、新聞紙を配置する。そして、点火し火が消えないように管理する。

II　マッチの使い方

　燃焼の仕組みを学ぶにあたり、火をつけるという活動を数多く行っていく。そこでマッチをすることができなければならない。まずは全員が安全にマッチをすることができるようにプリントを活用し、教員による演示も交えながら事前指導を行う。火を扱うため子どもたちに緊張感をもたせつつも「怖がらず思い切ってマッチをすれば必ず火はつく」ということを伝えて取り組ませる。最終的に全員がマッチをつけることができた。活動を終えた子どもたちは「自分でマッチがつけられた。」という自信をもつことができる。

III 授業の実際

1　燃え方の違いを調べる

　本時では始めに身の回りにある「燃えるもの」と「燃えないもの」を確認した。この際、「木を燃やしたことがあるから木は燃えると思う。」「プラスチックは燃えなゴミに捨ててるから燃えない。」など子どもたちの生活経験を基にした発言から想起させた。そのうえで「燃えるもの」に焦点をあて、新聞紙、同じ長さの割りばしと竹串にマッチで火をつけ、ストップウォッチで燃え尽きるまでの時間を測りながら燃え方の様子の違いを調べる。子どもたちは、新聞紙は大きな火をあげて短い時間で燃え、竹串や割りばしはゆっくりと燃えることに気付くことができる。同時に竹串と割りばしでは太さの違いから燃えるのにかかる時間が異なることも確認した。こうして調べたものの燃え方の違いは、宿泊行事で行う塩づくりにおいて薪をどのようにして配置すればよいのかのヒントになる。

2　ビンの中のろうそく

　この時間はものが燃えるためにはどのような条件が必要かを子どもたちは考えた。まず、密閉空間でろうそくを燃やすと火はどうなるのかを個人で考えていく。その後、予想を発表し一人ひとりが考えをもって実験に取り組

ませる。全体に考えを発表することで、予想を立てることが困難だった子どもも自分の考えはどの友達に近いのかと考えてから実験に臨むことができていた。実験してみると火は消える。そこで、どうして火が消えてしまうのかをそれぞれ考えこの時間を終えた。

3　火が燃え続けるには

この単元の最後の時間は、前回の実験で消えたろうそくは、どうすれば燃え続けることができるのかについて考えた。どのクラスも大きく分けて三つの考えがでた。

①ふたを開ける。
②ふたを開け下の粘土も一部切り取る。
③下の粘土を一部切り取る。

2分燃え続けたら火は燃え続けたということにしようとルールを決め実験を行った。実験終了後、結果をクラスで共有し、①と②は火が燃え続け、③の場合は火が消えてしまうことを確認した。このような実験結果になった理由を自分なりにまとめ、最後に教員による演示実験を行った。演示実験では線香を使い空気の流れを可視化した。線香は煙が立つのでその煙を追っていけば空気の流れを視覚的に捉えることができる。これを利用して温められた空気が上にのぼっていくことを確認し、空気が出入りできるための「空気の通り道」が必要であること理解させこの単元の締めくくりとした。

IV　実践の場

ものの燃え方で学習したことは、「理科室の中だけでの学習」で終わらせるのではなく、本単元で身に付けた知識・技能を使い宿泊行事で塩づくりを行う。写真のようにブロックを空気の通り道ができるように配置した。そ

「ものの燃え方」を活かした塩作り

して、薪は細いものから太いものへと火が移るように配置し、細い木と太い木の隙間に新聞紙を入れていく。一番燃えやすい新聞紙に火をつけ、かまどの火を起こす。まさに「ものの燃え方」で学習したことを活用して塩作りを行うのである。

V　指導のポイント

実験に際し予想や仮説を立てる際には必ずクラス全体で考えを共有する。考えをもつことのできる子どもはより考えを深められる。考えをもつことが難しい子どもにはどの考えが一番自分の考えに近いかを考え全員が「考え」をもって活動に取り組めるからである。

この単元では、酸素や二酸化炭素といった言葉を知らなくても「空気の流れ」という表現を使ってものが燃えるという現象を感覚的にとらえることができる。

その感覚をもって5年生の「酸素・二酸化炭素」、6年生の「ろうそくの科学」といった単元でさらに燃焼について学び、繰り返し学習を行うことで燃焼の仕組みへの理解をより確実なものへとしていくのである。

「ものの燃え方」では、学んだものを使える実践の場が設けられている。子どもたちは実践を通して本単元で学んだことを「活きた知識」にできることが本校の大きな特徴である。

大久保遥峰

こみち科のめざすもの

I 「こみち科」とは

　「こみち科」は、成蹊小学校独自の「総合学習」である。1915（大正4）年創立当時より行われてきた「園芸」をもとに、1950年から実施されてきた「生活単元学習」「生活学習」を継承・発展した教科である。

　1992（平成4）年度から始まった「生活科」を見据え、それまですでに「生活」を1、2年生でおいていた本校は、平成3年度から低学年で「こみち科」を先駆的に実施した。さらに、2002（平成14）年度から、1～6年生までの全学年で「こみち科」を総合学習として再編成し、学年の時数配当やカリキュラム、担当者数の変更等を経て、現在に至っている。

II 「教育目標」と学習主題

　2009～2011年度にかけて、創立百周年（2015年）を前にして、本校のこれからを支える教科として、研究部を中心に「こみち科」の校内研究が行われた。

　教科の目標を、「たくましい実践力を持った子どもを育てる」と定め、学校の教育目標である「自立・連帯・創造」を標榜し、これからの21世紀の教育を担える内容にした。具体的には、以下のとおりである。

1　自分の考えを持ち、表現することができる。
2　友だちとのつながりの中で、協調して自分を活かすことができる。
3　日常生活の中で創意工夫を重ね、豊かな生活を創り上げていこうとすることができる。

　こみち科では、まず低学年で感覚・感性を豊かに育て、中学年から高学年にかけて主体的な学び・理解から創造へと「学び」を昇華していく流れを重視している。

　低学年（1、2学年）は、学習の内容を領域で分類することを定めず、五感を大切にして実物に触れ合うことを重視しつつ、4つの「場」でとらえるようにした。低学年の子ど

もたちは領域や教科をこえて体験したことを吸収、表現しようとするからである。

> 自然：校内の植物や樹木の観察。栽培活動。
> 　　　（例：「ぼくの木・わたしの木」、ハツカダイコン・青首大根・枝豆・白菜の栽培）
> 社会：学校生活や自分を支える社会へ関わり。
> 　　　（例：「身の回りではたらく人」）
> 　人：校内でお世話になる人。友達。家族への関わり。
> 　　　（例：「学校探検」「学校でお世話になっている人」）
> 行事：運動会や文化祭、夏の学校（宿泊行事）等への準備やまとめ。
> 　　　（例：「夏の学校のじゅんび」「文化祭のじゅんび」）

　そして目標を以下の3点とした。
1　身の回りの事物、現象に積極的に興味・関心を寄せる子どもを育てる。
　　（観察や記録を重ねて、ポートフォリオとしても活用することなど）
2　感じたこと、学んだことを表現しようとする子どもを育てる。
　　（記録したことや考えたりしたことを発表したり、身体表現したりすること）
3　自分なりの発見や疑問をもち、継続的かつ追求的に学ぶ子どもを育てる。
　　（記録や発表を通して互いに学び合い、次の学習に生かせるようにすること）

２年生こみち「自然」の場・大雪の翌日　　　「栽培したジャガイモ」の調理

　中学年（3、4学年）になった時は、「場」から「領域」に学習内容を分類し、他教科との連携をとって有機的に学べるように配慮している。4つの領域とは以下のとおりである。

栽　培：ツルエンドウ、冬青菜、ジャガイモ
行　事：運動会、夏の学校、文化祭、マラソン大会、スポーツ大会
探　求：図書館やパソコンの活用、他教科の調べ学習
学び方：パソコンの基礎学習、様々なプレゼンテーションの方法

高学年（5、6学年）では、2015年度から始まった完全教科担任制へと移行し、4つの領域も以下のように変化する。

生活：日常生活においての基礎知識と技能を身に付ける（家庭科領域の技術学習）。
栽培：低学年からの栽培学習の総括（麦の栽培、収穫、加工から調理まで）をする。
環境：環境問題を意識した生活態度を育てる（環境を題材とした単元）。
行事：知識・技能を行事の中で活用する力を育てる。

5年生こみち「味噌の仕込み」実習

6年生こみち「小麦の収穫」実習

II 「たくましい実践力」を育てる

　2002年に1～6年生に教科「こみち科」がおかれてから15年。全校研究や周年行事での研究を経て、カリキュラムを整備してきた。現在のこみち科の目標は、21世紀を担う子どもたちにたしかな実践力を育てる教科としていくことであろう。
　そのために教科で力を入れて取り組んできたのが「プレゼンテーションの力をつける」実践研究である。6年生では、「卒業研究」というこみち科の総まとめにあたる単元が設定されている。最高学年として、こみち科学習の総まとめともなるものである。しかし、そのことだけをとりあげるのではなく、低学年から系統づけて取り組んで育てていく能力として実践研究を行ってきた。
　たとえば、低学年のこみち科の目標でも、「感じたこと、学んだことを表現しようとする子どもを育てる」ということがある。畑で育てた野菜の観察記録をつけてまとめることもあり、仲間の前に立って自分の記録や感想を発表したり、身体表現したりすることもあ

プレゼンテーション

る。子ども自身が持つ「表現したい・伝えたい」という力を引き出していく、ということに重点をおくということである。

　しかし、それには「学級」という集団の中で、発信者に対していかに共感したり、発表を聞いて意見を持ったりする力を、子どもたちにつけていくことが大切になる。つまり、送り手だけではなく、「受け手」の力を育てることも重要になる。こうしたことは、発表の機会等で低学年時から育てていく大事な能力である。送り手と受け手が有機的につながり合ってこそ、プレゼンテーションの場はお互いの力を伸ばすことになる。

　さらに、プレゼンテーションの力をつけていくために、さまざまな場やツールも活用していくことが大切である。「調べる⇒読み込み考察する⇒発表する」という一連の学習活動のプロセスを活性化し、たしかな理解と技能を身につけさせることが、こみち科で育てる力である。紙媒体や身体表現だけでなく、パソコンやタブレットなどのIT機器の使い方も知り、有効な手段・方法を実践していくことが、プレゼンテーションの力をつけるための積み重ねにつながるのである。

Ⅲ　これからの「こみち科」

　21世紀の中核を担っていく子どもたちが育つために、こみち科はいかに発展していったらよいのだろうか。これは、学校教育のあり方とも密接に関連しているともいえよう。

　画一的に「知識の獲得」を目的とし、その達成度を試験で評価してきた学校が変わっていかなくてはならない。「学びの共同体」として、「つねに学び続けようとする力・考え分析し、文章や口頭で表現していく力」を育て、評価していくことが、未来の優れた授業といわれるようになっている。

　そのためにも、こみち科は「未来への人材を育てるために変化していく学校」の中心になるような実践を続ける教科であり続けたい。実物を通して子どもたちが学び続けることを大切にしていきたい。栽培するだけでなく、必ず収穫後に加工・調理して終えるということは、その実践の基本である。学ぼうという意欲を高められる学びの場を工夫して提供すること、パフォーマンス（学びの姿勢の質）を高める評価をさらに研究することが、今後の課題といえるだろう。

　おりしも、2020年度実施の新学習指導要領は「学び続ける力」をつけることが一つの目的となっている。その点からも、今後はいかにこみち科の学習活動を展開していくか。また、子ども一人ひとりの評価をどのように行っていくか。「学び方」の深化や子どもの成長のためにどのように次の学びに活かしていくのかが研究の中心になるものと考えている。

　常に未来を見据えての授業実践を心がけていきたい。

鈴木宏明

2年生「ディベート・ドラマ」

身体を潜(くぐ)らせて学びを深める

I はじめに

「梅雨の時候」をめぐって、「ディベート・ドラマ」という身体を潜らせる活動を通じて、家庭や地域という社会事象と、身の回りの自然事象についての認識を深めていくべく、この単元を設定した。ディベート・ドラマとは、従来は弁論を通じて行われる「討論＝ディベート」を短い劇を通じて行う活動である。ねらいは2つある。1つは「雨天」という気象状況下の自然認識、社会認識を深めること。もう1つは、友達と協働して表現活動を行う中で、自己認識、他者認識を深めることである。これまで行った4回（1995年、2010年、2015年、2017年）の授業実践の事例をふりかえり、まとめてみたい。

II 指導計画（7時間配当）

①雨の日に外に出て、雨水の様子や植物や虫の様子を観察する（1時間）。
②雨の日の家の様子、町の様子、自然の様子について気がついたこと、知っていることを発表し合う（1時間）。
③グループに分かれて、伝えたいことを「劇遊び」にする（3時間）。
④ディベート・ドラマの発表をし、その後に感想交流をし、まとめの学習をする（2時間）。

「雨ふれチーム」と「はれになれチーム」に分ける。雨ふれチームは、雨が降って喜んでいる人や生き物の様子を、一方「はれになれチーム」は、雨が降って困っている人や生き物の様子を演じる。教師は「お天気の神様」に扮して、雨ふれチーム、お天気チームの発表を交互に観た上で、明日の天気を「晴・雨」のどちらにするのかを決めるのである。発表時間は1グループ3〜5分である。

III 発表場面

お天気の神様（教師） さあ、これから『お天気裁判』を開いて、どっちの方が困っているのか、聞かせてもらおう。明日の天気は、この裁判に、勝った方の言うとおりにしてあげようではないか。

全員 お天気裁判のはじまり。はじまりー。

発表の様子1

活動① 『雨ふれチーム』の「植物グループ」
毎日日照り続きで、枯れかかって苦しんでいる植物が、やっと降り出した雨のおかげで、どんどん元気になる様子を劇遊びで表現した。

グループ全員 お願いです。雨にしてください。

お天気の神様（先生） うーんなるほど。

活動② 『はれになれチーム』の「郵便屋さん・新聞屋さんグループ」
突然に降り出した雨で、新聞屋さんや郵便屋さんは配達する物が濡れて、とても困ってしまう。

郵便屋さん・新聞屋さんグループ お願いです、晴れにしてください。

お天気の神様（先生） うーんなるほど。

活動③ 『雨ふれチーム』の「ダム・グループ」
アナウンサーが、「水不足のニュース」を流している。ダムの水もすっかりなくなってしまいそうになる。雨が降り始めて、ダムの水がいっぱいになる。アナウンサーが「水不足ではなくなったこと」を言う。

ダム・グループ全員 お願いです。雨にしてください。

お天気の神様（先生） うーん、なるほど。『てるてる坊主』の歌。

活動④ 『はれになれチーム』明日は遠足グループ
遠足の前の日、教室では、みんな、明日の遠足をとても楽しみにしている。このクラスのみんなで行ける最後の遠足なのに、天気予報は、雨。

明日は遠足グループ全員 お願いです、晴れにしてくてください。

お天気の神様（先生） うーんなるほど。さて、困ったもんじゃのう。よし、明日の天気は晴れにしよう。（この日は、さすがに「明日は遠足グループ」の主張に押されて「晴れ」という判定になった）

発表の様子2

Ⅳ　学びは深まったか

　今回の学習では、観察したこと、調べてきたことをディベート・ドラマで発表した。その結果、知識の機械的受容という学び方を越えて、身体を潜らせることで生まれる「主観的・心情的な理解」を共有することができた。

　声や身体を交えて目の前で繰り広げられる発表を目の当たりにして「ああ、生き物たちが元気を取り戻して良かったなあ」「外で遊べないなんて、最低だな」「配達の人たちって大変なんだね」「やっぱり、みんなで遠足、行きたいよ！」など、心情的な共感に基づいた理解は、「客観的な理解」の定着をも確かなものとし、深い学びへとつながる。さらに、表現していく過程で子どもたち自身が「自分の良さ」や「友だちの良さ」を感じ、学び取っていく。この年齢、この学年で味わう共感的な雰囲気が、この後の学習でも安心して自己開示しながら、互いに関心を寄せ合い、他者と交わりながら学びを深めていく姿勢と意欲を根づかせていくのである。

林　久博

4年生「栽培学習」

じゃがいも栽培の学習

　本校では、創立当初より栽培学習を大切な学びの一つとして行っている。肥料を加え畑を耕す、種を植え芽が出るのを見守る、成長する中での草抜きや追肥、収穫と収穫後の畑の整備、収穫物の調理など、様々な段階の観察場面・作業場面で多くの学びが展開される。また、栽培することを通して、自分達の「食」や社会の事象にも目を向けていく学びとなっている。このような本校の栽培学習の様子を、中学年のじゃがいも栽培の学習より紹介していきたい。

Ⅰ　実践の留意点
1　栽培の技能を体験を通して身につける
　土づくりをはじめ、実際に手を動かし作業を行っていくことで栽培に関する基本的な技能を身につけさせていきたい。
2　成長していく様子を丁寧に観察する
　栽培物に働きかけをしていく中で、よく観察していくと、子ども達が気が付く植物の特徴がある。じゃがいもの場合は、ナス科の特徴に似ていることに観察の中で気が付いた。

Ⅱ　授業の実際
　栽培の始まりは「土づくり」からである。学園の馬場から馬の堆肥をもらい、土とまぜて皆で耕し、やわらかい土にしていく。堆肥場から畑へと運ぶ作業も子どもたちが行う。
　低学年では馬の糞から作った堆肥に抵抗感を示す子もいるが、学年を重ねていくと中学年では畑の栄養という認識で作業が出来るようになっていく。むしろ、堆肥に手を入れ、「温かいね。」などと発酵中の様子を実感するような姿がみられる。よく耕した後、畝をきっていく。
　土づくりの次は「種芋の植え付け」である。じゃがいもは、種や苗ではなく「種芋」という種用の芋から栽培を行う。この事に子どもたちは驚き「じゃがいもには、種はないのですか？」という質問が出てきた。抱いた疑問を大切にし自ら調べたり、観察していくことで答えを出してほしいので、「どうなのだろうか。」と対応し、すぐには答えないことにした。疑問を抱いたまま子どもたちは種芋を植え付けた。
　春先、じゃやがいもの芽が出てくる。ひとつの種芋よりいくつか芽が出てきたら、「芽かき」の作業を行う。栄養を太く丈夫ないくつかの芽に集めていく、その意味を考えながら作業を行った。
　春の終わりにかけて、じゃがいもは、勢いよく成長し花を咲かせる。薄く紫がかった白

い花を観察すると、子ども達は「じゃがいもはナス科の植物なのだ」ということにこれまでの経験より気が付いた。

じゃがいもの"芋"は、「茎」なのか「根」なのか、このようなことも栽培を通して考えた。地上にのびるのが「茎」で、地下にのびるのが「根」と言うわけではない。「葉が出るかどうか」で決まるのだと子どもたちは知る。じゃがいもの"芋"は地下茎という「茎」である。そのため、芋が地上に出たり陽に当たってしまうと、緑色になること（緑化）や、葉が出ることがあると学んでいった。緑化対策として土寄せも行った。

じゃがいもの花が咲き終えると、中には実ができるものがある。その実は、ミニトマトそっくりなのだ。子どもたちは実を通してもじゃがいもが「ナス科」であることを実感した。そして、実から種もできるということが見えてきた。

植え付けて約100日後頃、茎や葉が黄色くなると、いもの生育も止まるので収穫となる。実際に収穫してみると1個の種いもから、たくさんの地下茎が出て、地面の下で大きくなっている。小さな種芋から、10個以上のじゃがいもを収穫できることもあった。また、収穫の時には養分を使い果たして、皮だけになった種芋が見つかることがある。子どもたちが、ひとつの種芋から育っていったことを改めて感じる場面となった。8kgの種芋から41.5kgのじゃがいもが収穫できた。6倍近くまでに増えたことに子どどもたちはとても驚いていた。

収穫したじゃがいもは、ビシソワーズ、フライドポテトに調理して食べた。子ども達にとって、採れたて新鮮そのものであり、自分達で1から育てたじゃがいもの味は格別であったようだ。

栽培中には、じゃがいもに関する知識も学んできた。どのような経緯で日本に伝えられた野菜であるか、日本や世界での生産量はどのくらいかなどである。知識として学ぶ事で、じゃがいが日本や世界の「食」にとって大きな役割を担っていることなどに迫っていった。

Ⅲ 授業のポイント

自分の「食」生活や社会の事象に繋げる

栽培をし、調理して食するだけでも十分に豊かな学びが展開される。その学びに加え、栽培物に関する知識を得ていくことが、農業を担っている人の労働観や、自分の「食」生活考える機会に繋がっていくことが重要である。

作物の栽培活動は、栽培・調理そのものに価値ある学びがある。しかし、そこだけには留まらずに、栽培物から「食」生活を見つめなおす機会を得たり、栽培物を通して世界の食糧事情に迫るなど、学ぶ事が大切である。その学びが、子ども自身の生活を豊かに変えていくきっかけになりえる場面であると考える。

山本剛大

収穫の様子

5年生「エコバッグ」

私たちの生活と地球温暖化

　本校では、エコバッグの製作、レジ袋調査を元にした学習の2つでこの学習を進めている。しかし、エコバッグ製作が必要条件ではない。家庭にある袋（繰り返し使用できるバッグ）を代用しても学習は展開できるだろう。

Ⅰ　授業で育つ力

　「地球温暖化」という言葉は知っていても、それが自分たちの生活と関係があることを理解できている子どもは少ない。この学習では、地球温暖化と生活がつながっていることを具体的な数字として見ることができる。そして、消費するエネルギーが少なくても、回数を重ねることで膨大なエネルギー消費となることがわかる。このことを理解すると、一人ひとりがエネルギーを意識した生活をすること、皆が同じ意識で取り組むことで、大きなエネルギーの節約につながることが理解できるはずである。

Ⅱ　実践の留意点

　この学習には、「レジ袋の数調べ」という事前調査が不可欠となる。この事前調査では、一週間の買い物で何枚のレジ袋をもらったか、また、何回エコバッグ（繰り返し使用できるバッグ）を使ったかを、家庭ごとに調査してもらう。そして、レジ袋の数とエコバッグの使用回数をクラス毎や学年全体で集計をする。レジ袋は、数種類の大きさがあるが、集計の煩雑さを考慮し、どの大きさでも1枚と数えるとよいだろう。

Ⅲ　授業のポイント

1　一週間で使ったレジ袋の数は

　集計の次は、子どもたちに結果についての感想を書かせることが重要となる。感想には、子ども一人ひとりの問題意識が表れてくるからである。そして、一人ひとりがその感想を発表する時間も確保したい。子どもたちの中には、たくさんのレジ袋を消費していることを、疑問に思わない子どももいる。しかし、他の子どもたちの生活の様子を聞くことで、自分の生活との違いを意識できる。そしてその意識が、自分の生活を見直すきっかけとな

るだろう。

集計結果から、便利な生活と引き換えに、沢山のレジ袋（エネルギー）が消費されていることを考えさせたい。

2　レジ袋の数とその使い方

学級単位でのレジ袋の数から、全学年では、市や区ではとなった時に、どの位の量（数）になるのかを計算させ、日本全国でレジ袋が大量消費されていることを考えさせたい。現在、日本では年間約300億枚のレジ袋が生産されている。これは、乳幼児を除いた国民1人当たりが年間に約300枚を使う計算になる。さらに、そのレジ袋の約7割が、1度だけ使って捨てられている。そのような大量消費の一端を担っているのが自分であることを意識させたい。

3　ゴミとなったレジ袋の行き先は

レジ袋が大量のゴミになることにどんな意味があるのかを考えさせたい。レジ袋を燃やすと二酸化炭素と水が発生する。二酸化炭素は、「温室効果ガス」であり、地球温暖化を加速させる。ちなみに、1枚10g（容量15L程度）のレジ袋を焼却した時、1枚につき31gの二酸化炭素が排出される。集計した枚数を元に、どのくらいの二酸化炭素が排出されたのか計算させてもよいだろう。

4　レジ袋の原料は

レジ袋はポリエチレンといって、石油からできている。限りある資源が、簡単にゴミになっているのである。1枚10g（容量15L程度）のポリエチレンのレジ袋を作るのに、約18.3mLの石油が必要である。そこから、一週間に消費したレジ袋を作るのに必要な石油

> ＜調査後の子どもたちの感想＞
> ・自分のエコバッグを持っていない人がほとんどだということがわかりました。それだけ、私達は地球に悪い影響を与えているんだなと思いました。
> ・エコバッグをもらわないと良い気分になり、今までエコバッグを使わなかったのが不思議になりました。
> ・エコへの関心が少なかったことに気づきました。今後はもっとエコに関心をもち、今回よりも良い結果を出せるように、レジ袋だけでなく多くの資源を大切にしていこうと思いました。

の量を計算させたい。また、それが日々の積み重ねでどれだけの量になるのか想像させたい。

5　どうしたら、レジ袋を減らせるか

ここまでの学習で、レジ袋の消費を減らすことが、自分たちの未来に関係することが理解できたであろう。そこで、どうしたら、レジ袋の消費を抑えられるかを考えさせたい。おそらく、「レジ袋をもらわない。」「エコバッグを常に持参する。」という考えが多いだろう。しかし、それらの取り組みが現実的なのかを十分に議論させたい。できれば、その取り組みを一週間実践させ、前述の集計結果と比べることで、どれだけの効果があったのかを検証させたい。

Ⅳ　おわりに

この学習は、自分たちの調査から始まるため、子どもたちの活発な意見交換が可能となる。この学習を通して、消費生活を見直すと共に、自分たちの未来を自分たちで守る意識を持たせたい。

荻野　雅

音の響きが子どもを育む

Ⅰ　音楽科の特色

　創立当初から専科教員が配置され、現在も公立学校とは異なり6年間を通して週に2時間配当されていることから、音楽を通して子どもの様々な能力や精神的な成長を促すことを求められているといえよう。12月に実施している全校児童が学年発表する音楽会は、その意味で非常に重要な行事になっている。他にも6年間を通じて、音楽的伸長のみならず、人間的な成長に寄与すべく様々な活動を組織している。

Ⅱ　音楽科が大切にしてきたこと

　2015年の創立100周年の公開研究会を機に、「たくましさ」をキーワードとして今までの実践を振り返り、音楽を通して何が育っているのかを検証することができた。
　まず、「たくましい実践力を持った人間像」として挙げられている7項目については、音楽科では、何よりも「①真実を求め生活を高める意欲を持つ」が全ての活動の基盤となるべきであることが、明らかになった。それと共に、「⑦適正なコミュニケーション能力を持つ」も、同様に重要な項目であった。音楽という芸術を考えれば、当たり前とも言えるこの2点が、他の側面を多様に発達させる基盤になっている。特に、「③創造性を持つ」が耕される素地となる。ここで言う「創造性」とは、歴史的な天才のそれとは違い、対象に入り込む集中の深さや感受性の豊かさの表れと捉え、それが後の独自な世界を作り上げる素地になると考えたのである。
　そして、これらは、後に述べる音楽科の目指し続けたものともオーバーラップしている。内容が伴った音楽で子ども達の意欲をかき立て、学習形態を仲間とかかわり合うような形に仕組むという図式である。
　この100年間、音楽科の教師は変われど、常に学びの価値を音の中に求め続けてきたといえる。音楽の内容の吟味を何よりも大切にし、「音楽作品の教育力」を信じたことで、文化的価値の高い作品の力が単なる技術の伸長だけではなく、子どもたちの精神的成長にも寄与してきたのである。

また、どの学習も、仲間との学び合いや、助け合いがなければ成立しない活動である。集団でなければ学べない社会性を、音楽を通して育むと共に、その音楽の内容にこだわることで、子ども達の人間的成長を目指し続けてきたのである。

Ⅲ　子どもの音の世界を広げる様々な試み

　自由な取り組みが可能な校風に支えられて、模索しながら様々な実践を重ねてきた。

1　「みんなのうた」と子どもの為のオリジナル曲

　1953（昭和28）年に発行された成蹊小学校歌集「わたしたちのうた」は、1969（昭和41）年に「みんなのうた」と名称を変え、現在も改訂を続けて使われている。夏の学校へ携行するなど、授業は元より行事の際にも使用できる歌詞集となっている。著名な作曲家によるオリジナル作品も網羅し、子どもたちの愛唱歌集となっている。

歴代の「みんなのうた」

2　全校音楽会

　1994（平成6）年から武蔵野市民文化会館で行われ、2016（平成28）年より府中の森芸術劇場に場所を移して実施している。全学年が一堂に会して合唱と合奏を発表し、お互いの演奏を聴くことで、子どもたちの発表のレベルは上がってきており、特に歌声の変化には目をみはるものがある。低学年では、身体表現や創作活動を取り入れ子どもの自発性を重視した発表、中学年はリコーダーを中心に器楽の基礎を大切にした発表、高学年はそれを発展させてより音楽的内容の濃いものに取り組む、という一連のプロセスで、子どもたちは、音楽の持つ楽しさや奥深さを学んでいる。子ども達の音楽的表現の大いなる成長のみが音楽会を存続させている所以である。

音楽会

3　音楽作りや即興演奏

主に低中学年において、自ら作る活動を多く授業に取り入れている。子どもたちのその瞬間の試みを認めて促すことで、少しずつ子どもの音の世界は広がっていく。それは自己肯定感や社会性を育てることにも繋がる活動である。4年1学期に行うドラムサークルは子どもたちが楽しみにしている活動である。楽しく演奏しているうちに、

音楽作りの様子

リズム感や即興表現力の向上のみならず、コミュニケーション能力や協調性の向上、ストレス発散といった効果が期待できる学習である。

4　サンバ

10月中旬に実施される文化祭の最後を飾る全校での集会「フィナーレ」で、1994（平成6）年にサンバを演奏し始めて20年以上経った。6年生が演奏するサンバのリズムに合わせて、5年以下全児童がグラウンド一杯に踊るのだ。4、5年のダンサーが輪の中心でみなの踊りをリードしていく。演奏曲は卒業生である服部隆之のオリジナル曲「サンバ・ダ・成蹊」。5年間踊ることで子ども達の中にサンバのリズムは浸み込んでいる。この経験があるからこそ、6年で16ビートを100人以上が苦もなく合わせることが出来る。リズムを合わせるという点では、この経験がその後の合奏などアンサンブルにおいて非常に有益なものとなっている。

5　箏

「日本の伝統的な楽器を子どもに経験させたい」との願いのもと、1996（平成8）年4年生の1学期に箏の学習を取り入れ始めた。2006（平成18）年からは5年生に移行し、箏は二人で一面、爪は個人持ちにして練習の能率を上げている。約3か月の練習で、押し手や掻き爪など7つの奏法を含む「さくら」をマスターすることが目標である。学習指導要領での日本の楽器の扱いは、小学校では鑑賞を通して親しむことに留められているが、小学生こそ、自分で触れて演奏することで深く興味を持つことが出来る、と

成蹊学園100周年記念委嘱作品　池上慎吾作曲「こみちの風」　東京フォーラムイベントホールにて

考えた。

　1000年以上の歴史を持つ楽器の魅力に触発された自発的な学びが、子どもたちの心の成長を助けている。また、姿勢を正しくすることで響く音が出せることから、「型」を学ぶ学習でもある。最後は演奏家を招いて実際の演奏を鑑賞することで箏の学習は終わる。難しさも学んだからこそ、その真剣な聴き方に学びの深さが表れている。

6　竹の楽器

　3年生の美術の授業で竹の楽器を作り、その楽器を音楽の授業で演奏する、という共同授業を1994（平成6）年から行っている。四国から取り寄せた竹を楽器の寸法に切り出すところから始め、なたやのこぎりを使って、自分の選んだ楽器を制作し、出来上がった楽器で、リズム創作をして一つの曲に仕上げるという学習。

　「『竹』という素材から『音』という素材が生まれる醍醐味」を味わうことで、複合的な要素を含んだ文化的な営みを体験できる。両教科が独立して己の領域を深めることで、結果的に子どもの体験に広がりや深まりが生まれる、つまり、「総合したもの」を与えるのではなく、「総合する」主体は子ども自身であるということ、子ども自身の中で二つのフィールドが統合されることが、この学びの本質である。

竹の楽器　美術での制作

竹の楽器　音楽科での演奏風景

IV　おわりに

　教育研究者大田堯は「いのち」の定義として、一人ひとりが「ちがう」・自ら「かわる」力をもつ・他者と「かかわる」という3点をあげている。音楽の体験によって自らの内面を磨き、他者とのかかわりを深めることは、いのちを育てることに他ならない。

倉内祐子

4年生「ドラムサークル」

即興演奏の力と、共に表現する楽しさを育む

　フロアトムの「ドーン・ドーン」というベースに合わせて、1人ずつが太鼓や小物楽器を担当し、即興的に演奏する。これが『ドラム・サークル』だ。

I　活動のねらいと教師の願い

　活動の中でのねらいは大きく3つである。
　一つ目は、共に演奏するという楽しさを存分に味わうことである。これは集団として合唱・合奏で一つの音楽を創る際に、常に大切にしたいことだ。ぴったりと揃う気持ち良さや、個々の創りだす音楽の面白さを感じながら「仲間」を意識することは、とても大切なことだ。この感覚を4年生のうちに育むことは非常に重要である。
　二つ目は、リズムをそろえる感覚を理解することである。4月はどのクラスもベースにリズムを合わせるのが難しく、1人ずつが好きに演奏する状態がしばらく続く。しかし、次第に周りを聴きながら演奏できるようになってくる。これは、2学期から始まる合奏の活動で非常に重要な力である。
　三つ目は、自由に演奏する面白さを感じることだ。音の「あそびかた」を工夫することで、音楽づくりの活動に広がりがうまれる。

II　カリキュラムにおける位置づけ

　本校では、低学年から音楽づくりを多く取り入れている。2年生では4人編成でオルフ鉄琴・木琴、小物楽器を使い小さなアンサンブルをつくる活動、3年生では自作の竹の楽器を使ったリズムアンサンブルを創作する。4年生では、鍵盤ハーモニカやリコーダーを用いた旋律の即興演奏を行なう。ドラムサークルは、旋律の即興演奏の基礎となる活動であり、クラス全体で一つの音楽を創り共有するというスケールの大きな創作活動である。
　4年生では、仲間と共に音楽を創る楽しさや喜びを十分に感じられるような活動を行う。ドラムサークルは、4月～7月の授業で毎回10～15分ずつ行う。初めはうまく合わせられない子も、回数を重ねる度に、表情も和らぎ、周りの音に合わせて楽しんで演奏できるようになる。
　円になるということも、大切なポイントだ。面白いリズムを見つけてまねをしたり、目が合った誰かと対になるリズムを創って楽しむ

などの表現が生まれてくる。

III 活動の実際

1 まねっこリズム

教師のベース音に合わせ、1人ずつが4〜8拍のリズムを演奏し、そのリズムを全体で真似をする。これをクラス全員で繋げていく活動である。面白いリズム（三連符やシンコペーション）が出た時には、教師から解説をすると、楽典的な知識も培われる。また、友達のリズムをまねしたり、掛け声や動きを伴ったリズムを作ったり、そのクラスならではの楽しみ方ができるのも醍醐味である。

2 リズム・ミルフィーユ

シンプルなリズムを、1人ずつ順に重ねていき、全員でリズムの層を感じながら楽しむ活動である。教師は円の中に入り、リズムに入るタイミングを1人ずつへ指揮する。子どもには「色々なリズムが重なるから、前の人たちの演奏をよく聴いて自分のリズムを演奏しましょう。必ずお休み（休符）の入ったリズムを入れてね。」と説明する。休符を入れるように声を掛けるのは非常に大切で、「間」を楽しみながら他の音を意識するようになるのである。子どもたちは、友だちのリズムを熱心に聴き、それに合うリズムを考えて演奏を始める。既存のリズムに合うように演奏しようという意識が強くなるため、全員のリズムがぴったりと揃う。全員のリズムが重なったら、今度は指揮に合わせて1人ずつ演奏を止めていく。最後、数名だけ演奏を続けてもらい、小さなアンサンブルを聴く活動につなげることで、様々な音色の違いやリズムの重なりの面白さを味わうことができる。

3 ファシリテーター

ドラムサークルでは、円の中心で音楽を指揮する役目の人のことをファシリテーターと呼ぶ。活動に少し慣れてきたら、子どもにファシリテーターをお願いする。ファシリテーターの動きは、基本の指示（「演奏を続けて」「ストップ」「大きく」「小さく」等）を決めておき、後は自由に表現させる。演奏者はファシリテーターに注目し、音のない「間」を集中して共有できるようになる。ファシリテーター役は身体表現に合わせて大合奏を指揮できるため、大人気だ。

《子どもたちのファシリテーション例》
・ステップに合わて演奏する
・2人で円を半分ずつに分けて指揮し、2グループの音の重なりを工夫する。
・円の中でダンスをして、それに合わせて演奏をする。

子どもによるファシリテーション

クラス一つの輪を作り、友達同士で顔を見合って演奏するこの活動に、「楽譜」や「間違い」は存在しない。その時にしかできないリズムを、クラスの仲間と共有し、楽しむ。これがドラムサークルの醍醐味である。

山口梨恵

6年生「サンバ」

合奏の基礎を育むサンバの学習

　本校では毎年10月に2日間の文化祭が行われる。文化祭2日目の最後に、「フィナーレ」という会があり、全校児童がグラウンドに集まり、6年生が演奏する『サンバ・ダ・成蹊』（作曲：服部隆之氏）というオリジナル曲に合わせて1〜5年生がダンス（振り付け：八反田リコ氏）を踊る。

　6年生は、音楽の授業の中で4月〜10月までの約半年間、サンバの演奏を、基礎から学ぶのである。

文化祭の様子

1　活動のねらいと教師の願い

1　合奏の基礎となるリズム感の向上

　サンバの活動を半年間行なう中で、一番のねらいとしているのがリズム感・拍感の共有意識の向上である。

　サンバのリズムの体得は、子どもたちの「拍にのって演奏をする」というリズム感の育成につながっている。そして、数種類のリズムアンサンブルを約半年間続けることで、子どもたちの「音楽の縦のラインを合わせよう（＝拍感の共有）」という意識が自ずと生まれてくるのである。3学期に行う少人数グループ合奏の活動において、グループ全体の拍感がずれることなく演奏できるのは、サンバの学習があってこそのことである。

2　集中力の向上

　また、サンバの学習を通して、「音楽を演奏する集中力」を育むこともねらいの1つである。活動の中で、ひとりずつ教師のスルドに合わせ、20秒間の楽器演奏テスト（3種類：タンボリン・アゴゴ・パンディロ）を行なう。集中力がなければ、テストに受かることはできないため、一定のリズムをキープできる集中力が育まれるのである。本校ではリコーダー学習にも力を入れているが、サンバで培われた集中力は、その後の音楽会のリコーダー練習に大きく役立っている。

3　多様な音楽に触れる

　本校では6年間で子どもたちが様々な分野の音楽を体験・学習できるようカリキュラムを組んでいる。日本の音楽だけでなく、今後子どもたちを待ち受けているグローバル社会

へ向けて、音楽活動からのアプローチを行なうという意味でも、サンバの学習は子どもたちへの刺激となっている。

II 活動の実際

ブラジルの代表的な音楽であるサンバは、数多くのリズム打楽器で構成される音楽である。音楽の授業では、10種類のサンバ楽器を使い、アンサンブルを創っていく。

4月〜6月にかけて、子どもたちは基本となる3種類（タンボリン、パンディロ、アゴゴ）の楽器のリズムを学ぶ。これらの楽器でサンバの基本となるリズムを演奏できるよう、毎回の授業で10分〜15分程度の練習をして、少しずつリズムの体得を目指すのである。

授業での様子

サンバは、基本的に一つのリズムを繰り返して演奏する。ステップをつけながら同じリズムを保つことは、単純なことではあるが、子どもたちにとっては、相当な集中力と、そして演奏のための技術を要するため、なかなか難しい。その為に長い期間をかけて積み重ねて練習することが有効であると考えている。6月末になり、基本のリズムを習得したら、他の種類の楽器も加えていよいよ「サンバ・ダ・成蹊」の合奏を行う。

「サンバ・ダ・成蹊」は、本校卒業生の服部隆之さんが作曲してくださった曲で、キーボードの奏でる軽快なメロディに、10種類のサンバ楽器が賑やかに重なり合う曲だ。

本物から学ぶ〜サンバ演奏家をお招きして

文化祭が近づきサンバの演奏がまとまってくると、学年での練習を行う。その中で、毎年、プロのサンバ演奏家をお招きして、サンバワークショップを開催する。半年かけてサンバに触れてきた子どもたちが、プロの演奏を間近で鑑賞する意味は非常に大きい。自分たちが触れてきた音楽だからこそ、巧みな演奏の技術の高さを理解でき、さらに本番の演奏に向けて、新たな目標が生まれるのだ。

サンバワークショップの様子

文化祭本番では、どの子どもたちも、「やりきった！」という笑顔が溢れている。特に6年生は最後の文化祭を終えた安堵感と達成感で、大変盛り上がる。「今年もサンバをやってよかったな」と思う瞬間である。

山口梨恵

手と心を動かして表現力を育む

I　美術科の特色

　本校では、専科の授業として「美術」という教科名に変わってから70年が経った。昭和22年までは小・中・高が「技巧」、「設計」など今日の「技術・工芸・図画・工作」になるものを一緒に授業を行っていた。当時担当していた教諭が子どもたちの個性を尊重し創造力が発揮できる環境づくりを目指し小学校独自の成蹊美術教育が始まったのである。
　それ以来「美術」は個性を尊重し、手と心を動かすことで考える力、表現する力を育むことを大切にして授業を行っている。

II　手と心を動かすための主な取り組み

1　遊びの中に学びをつくる〜自分だけの色作り〜（1年生）

　1年生の発達段階において、色彩の感覚は発展の途中であり、混ざり合っている色を探り、できるだけ多くの色と出会う機会を持たなければ色彩の感覚は育まれない。その中で水彩絵の具を使った学習においては、基本である3原色の赤、青、黄と白、黒の5色だけを使って様々な色を作ることで色彩の感覚を揺さぶる。初めから複数色の絵の具セットを用意するのではなく、自分たちで色を発見し作り出す喜びを体験する。色混ぜ遊びのようでもあり、楽しい実験のようでもある体験の中から学びが生まれる。
　例えば、木製の床や壁を描くときに絵の具のチューブから出したそのままの茶色だけで描いたのでは面白さが少なくり、子どもたちの個性を引き出せなくなってしまう。同じことが、緑色や肌色などでも言え、自分だけの緑色や自分だけの肌色を作り出せる喜びは作品に反映され魅力あるものとなる。

1年生自画像

2　安全に使うカッターの学習（2年生）

　カッターナイフを使って、ステンドグラスを作りながらカッター免許にも挑戦し、正しく安全に道具を使うことの大切さを学習する。この課題でのカッター免許取得はあくまでも安全に対する理解を深める手段であり、免許取得自体が目的ではない。カッター免許の課題は、長短様々な直線の切り方から始まり、曲線の切り方や、複雑な組み合わせの図柄の切り方を学び、B級免許証から始まり、A級、S級と免許証を設定している。

ステンドグラス制作風景

不自由さの中から自由な表現

ステンドグラス作品

　ステンドグラス作りでは、使える色の数が10色程度に限られ、不自由さの中から、自由な表現を探すことを狙いとし、新しい表現を考える仕掛けとなる。

　また、制作工程を理解することが必要であり、自分が現在取り組んでいる工程が、どのように作品づくりに影響してくるかを想像しながら進めていくことで感覚と考えを深める事につながるのである。

3　1枚のベニヤ板から考えるコリントゲーム（3年生）

　3年生ではコリントゲーム作りに挑戦する。1、2年生では使わなかった道具（鋸、電動糸鋸、ボール盤、金槌など）の安全な使い方の学習を通して、1枚のベニア板（45×90cm）からすべての部品を作り出す。しかし、3年生になると作りたいものやイメージが具体的になり、こだわりが強くなる時期でもあるために単純な道具の学習ではなく、一人ひとりの絵や形が違う工夫を生かしたコリントゲームを大切にする。

コリントゲームの制作風景

4　本物の素材だからこそできる表現（4年生）

　陶彫・陶器に挑戦する。何種類もの釉薬や粘土を取り入れることで、同じように見える釉薬や粘土の質感や質量、色身の違いを本物の素材を通して学んでいく。子どもたちは、土の塊から外へ外へと延びていく粘土の不思議な力強さを感じながら、偶然出来上がる美しい形や色味を想像して、こだわりの陶彫・陶器を表現する。

陶器作品

空き缶工作

　粘土を使った授業の他にも鉄と木による造形学習をおこなう。焼きなました空き缶などの鉄といろいろな木片を組み合わせて、立体造形を表現する。

　制作が始まると、ノコギリや金槌の音が鳴りやむことはなく、夢中になっている様子である。ボンドで接着したり釘で止めたりする基本的な工作を繰り返し、自分で考え、決定できる力が自然と身につくのである。

5　日本画は道具や絵の具作りから（5年生）

　パレットを作ることから始まり、自ら作ったパレットを使って日本画の学習をする。パレットには、道具としての使いやすさとデザインの面白さの両立が必要であり、子どもたちは自分の完成イメージに近づけるために、根気強く制作する。

　次に日本画の課題である。この課題では普段使っているチョークをヤスリで粉末にして膠(にかわ)と混ぜて絵の具を作る。チョークには3原色が揃っているので、ほとんどの色を作ることが出来る。身近にあるものの意外な使い方に注目させ、創作への良い刺激を発展させることができるのである。

パレット

　完成した日本画に押すために高麗石(こうらいせき)を使った落款印つくりにも挑戦する。印鑑の文字は、篆書体を使用するので自分の名前がどのように変わるのかも興味を持たせる。つまみの部分に本格的な石の彫刻にも挑戦し自由に設計したデザインを彫りだしていくことで、粘り強さを育んでいく。

落款印

風景画

彫刻作品

6　一人ひとりの思い出の風景〜卒業制作〜（6年生）

　風景画に挑戦する。自然から学ぶことは多くあり、校舎など施設の移り変わりも子どもたちの目を通して表現される。この課題では透明なプラスチックの板を校舎の窓ガラスに貼って、そこに見える風景を直接描きこみフレームの中に収めることで、パースの効いた奥行のある風景画が完成する。

　6年間を通して、一番印象に残った自分の姿を彫刻にする課題。素材はブロンズ粘土を使い、針金で心棒を作り、あえて同時にアイディアスケッチでポーズを考えていく。なぜならば立体的、具体的に考えやすくなると同時に手の中で作品を生み出していく感覚を大切にしているためである。制作の途中に友達にポーズをしてもらうこともあり、クラブ活動で練習していることなど、それぞれに手や足の位置にこだわりを持ち、友達に指示を出す場面が見られる。粘土によるモデリングでは、ヘラや麺棒などを用いて、様々な表情を付けていき、盛り付けたり、削ったり、磨いたり、叩いたり、子どもたちは今まで培ってきた表現方法を駆使して彫刻作品として仕上げていくのである。

Ⅲ　美術が大切にしていること

　美術が子どもたちの心の成長に寄り添っていくためには、子どもたちが自分自身の心の動きを見つめて考えを持ち表現をするまでのプロセスを支えることである。また、作品を作り出すための技術や方法が体験を中心とした深い学びによって視野を開き手と心を育んでいけることが最も重要だと考える。

　子どもたちから「もっと作りたい！」「もっとこうしたい！」「おもしろい！」と声が聞こえてくるような美術であるために、私たちは心を育む姿勢を守りながら新しい指導法・教材の導入によって、考える力、表現する力を子どもたちから引き出せる環境を整えていく。

野上零大

1年生「色彩の知覚」

色水遊び・色見本・福笑い・自画像

　1年生での色彩の学習において、水彩絵の具による三原色（赤・青・黄）と白・黒の5色をつかって学習を行っている。

●授業の配当表（全14時間）
Ⅰ　色水遊び　（2時間）
Ⅱ　色見本　　（2時間）
Ⅲ　福笑い　　（2時間）
Ⅳ　自画像　　（8時間）

Ⅰ　色水遊び

　「色水で遊ぼう」では二人一組で三色（赤・青・黄）の絵の具を1色ずつ交代で混ぜていき、色の変化の予測や発見、意見を出し合いながら色水を作っていく。

　例えば、一人が透明な水に黄色を混ぜると黄色の色水ができる。次に、もう一人がその黄色い色水に青色を入れたら何色になるのかを混ぜる前に予測させる。混ぜる子は「緑になる！」と予測をたて実践すると「緑になった！」とわかる。そこで、隣のグループで作った色水と比べると同じ色を混ぜたはずなのに、緑の色水に違いがあることに注目をさせる。なぜ同じ色を混ぜているのに違う色になるのかを考えることで絵の具の量のバランスが大切であることに気がつく。

　同じ作業を繰り返し、6個の透明なコップに作り出した色水を保存して、三色からさまざまな色が作り出せることを体験する。子どもたちからは「絵の具の量が違うと出来上がる色がちがう！」「ジャイアンスープだ！」「赤色よりも青色のほうが強い！」「先生！コーヒー色にしたらコーヒーの匂いがする！」など子どもたちが自らの感覚で色の変化を楽しみながら活動をとおして色のバランスを学んでいくのである。

三原色　　　**色水遊び**

Ⅱ　色見本

　「色見本づくり」では「色水遊び」で培った色の混ざり合う感覚を大切にしながら、三原色の理解を深めるためにクイズ形式で色の分析をおこなう。

　あらかじめ用意した色のテストピースを子どもたちに見せ「この色は何色と何色が混ざっているでしょう？」と提示して何色が混ざっているのかを考え、色彩の感覚を刺激していき2色から3色と段々と難しくしていく。

テストピース

考えを記録するために実際にパレットの上で絵の具を混ぜて、同じ色に近づけて画用紙に記録する。混ぜ合わせた色が後でわからなくならないように混ぜた色を線で結ぶ。

例えば、オレンジ色であれば赤色と黄色を線で結びその先に作ったオレンジを塗る。

出来上がっていく色見本は一人ひとり色が違うことを確認して、絵の具の混ぜる量のバランスで色が変わることを再確認する。この色見本を参考にしながら「自画像」の着彩に役立てるのである。

色見本制作

色見本

III 福笑い

自画像の課題に入る前にデッサンを遊びの中で学習するために「福笑い」を制作する。

目・鼻・口・眉毛・耳の5箇所だけを鏡で観察して細部までしっかりと描き、ハサミで切り取り、輪郭だけが描いてある顔に目を閉じて福笑い遊びを行う。はじめは自分の顔がへんてこりんになる様子を面白がってわざとバラバラに置いてみせたりしているが、実際に鏡を見ながら目を開けて顔のバランスを考えさせると、変な顔ではなくしっかりとバランスの取れた顔になる。

こうして、自画像をいきなり描かせるのではなくて、どのようにバランスを意識したら良いかを理解した上で

自画像を描いていくのである。

IV 自画像

自画像では鏡に写るすべてのもの（美術室の背景）を写し取らなければいけない。その膨大な情報は形だけではなく、色や空間を理解して観察しなければ、決して写し取ることはできない。難しいけれど必死に写し取ろうとする力を引き出し、描けない形や作り出せない色を探る仕掛けを下書きの段階で整えるのである。

次にいよいよ絵の具で着彩していく。バケツの水の量、パレットの使い方、筆の使い方、雑巾の使い方などの基本的な道具の使い方を徹底し、鏡で見える色を考え自ら制作した色見本を参考にパレットの上で絵の具を作って画用紙に着彩していく。

このプロセスの中には、一連の学習の締めくくりとなり、顔のバランスはもちろん、色彩の知覚を確かなものにするための集大成でもある。

色水遊び・色見本・福笑い・自画像を制作していく中で手と心を動かして表現力がより豊かになっていくことで1人ひとりの個性が発揮される作品を大切にしていくのである。

福笑い

自画像制作

野上零大

6年生「自刻像をつくる」

自分をみつめる実践

1 自刻像

6年生が1学期から文化祭に向けて取り組むのは小学校生活をテーマにした彫刻（自刻像）作りである。6年間を通して1番印象に残った自分の姿を彫刻で表現している。素材は主に針金と紙粘土を使っていく。テーマの捉え方は1人ひとり違うから、表現方法も自由になっていく。

逆にしっかりした決め事もある。作品の土台になる針金の心棒の作り方である。心棒がしっかりしていないと自由な表現を支えることはできなくなってしまう。

1 土台作り

まずは台座に固定されていない針金の心棒（針金人間）を作ることから自刻像の制作は始まる。次にそれを曲げながらポーズを考えていく。手で直接曲げることもできるし、ペンチや万力を使って切ったり曲げたりすることもできる。心棒を動かしながらポーズを決めていくことは、立体的、具体的に考えることにつながっていく。針金の持つ抵抗感を感じながら、手の中で作品を生み出していく感覚を大切にしていきたい。

手や足の動きがよくわからない時には、作品の隣で友達にポーズをしてもらうこともある。クラブ活動で練習していることなど、それぞれに手や足の位置にこだわりを持ち、友達に指示を出す場面が見られた。ポーズが決まったら、ぐらつかないように土台の板に釘を使ってしっかりと固定して、いよいよ粘土付けが始まるのである。

2 粘土の表現

粘土によるモデリングでは、ヘラや麺棒などを用いて、様々な表情を付けていく。盛り付けたり、削ったり、磨いたり、叩いたり、子どもたちは様々な表現方法を駆使して彫刻に取り組んでいる。

自刻像制作風景

しっかりとした土台の上に自分らしさを自由に表現して欲しいので、最初に説明するのは、粘土の付け方になる。針金の心棒が中心になるように粘土をつけることや、粘土をしっかり針金になじませていくことを話している。実際に行ってみせているが、あまり説明し過ぎると教師の影響を強く受けた作風になってしまうので気をつけなくてはならない。

具体的な説明を極力減らし、抽象的な説明をするように工夫している。誰もが慣れ親しんできた粘土ならではの指導の難しさである。

着色中

作品が仕上がってくると、鑑賞者が作品について考える余地を残して完成させるように話をしている。例えば、「走って汗をかいている様子を表現したいので汗はどのように作ったらよいですか」という質問を受けたことがあった。汗を粘土で作ってしまうのも1つの方法だが、子どもの作品の様子を見て、汗そのものを作らなくても、汗をかくくらい必死に走っていると鑑賞者が感じられるように動きを表現してみたらと指導した。すべてを説明しきってしまうのではなく、「これは何だろう」「きっとこういうことなのだろう」と鑑賞者に考えさせる部分が残っていることも作品が面白くなるポイントのうちの1つなのである。

子どもたちの様子を見ていると、作り込みが足りなくて説明不足になっている作品も見られた。そこで、最低限作って欲しい具体的なポイントとして、手についての話をした。手は顔の表情以上に様々なことを伝えてくれるものであるから、それだけに作るのは難しい。手を作る子どもたちは特に指を作るのに試行錯誤していた。だからこそ手がしっかりできている作品は自然に見えるのであろう。

情景のための小道具（机や椅子、楽器など）は粘土以外の素材を工夫して用いるよう話している。板を表現するときには粘土ではなく板を、棒状のものを表現するときには針金をそのまま用いても良いことにして各自の工夫、発想に期待している。仕上げにブロンズ風の彩色を施すので様々な素材を組み合わせることもできるのである。

■ 大切なこと

仕上げは、ブロンズ風の彩色を施す。ブロンズを腐食させた落ち着いた色よりも、銅の色そのままのほうが気に入る子どももいる。また、時間と手間をかけて、しっかりと腐食させたり、気に入るまで何度も塗り直したり磨いたりしていく子どももいた。こだわるポイントにも個性が出るようであった。

子どもたちが作る生き生きとした力強い動きは、彫刻にとって何が大切であるかを教師にも教えてくれているのではなかろうか。1つとして同じものはない見ごたえのある作品が出来上がってくることに今後も期待している。

文化祭展示から

新美正樹

"たくましい実践力"と体育
－からだづくりと認識－

I からだづくり

　本校では、「たくましい実践力」を身につけさせることを目標の一つにしているが、体育では"たくましい"を筋骨隆々とイメージされがちである。

　本校では、「わたしたちの考える理想的人間像」を貫いて望まれるものとした「たくましい実践力をもった人間」の内容設定の7項目の1つとして、「5. たくましい体力をもつ」が位置づけられている。体力だけがすべてではないが、体力があることが、たくましい実践力を持つことを支えるとした考えである。

　体力には、行動を起こす能力として発揮される行動体力と、外部からの刺激に抵抗する能力として発揮される防衛体力とに分けることができるが、いずれにしても、"からだがしっかりしていること"ととらえれば、たくましい体力があるに越したことはない。

　そして、本校体育科では、"からだがしっかりする"ことを目指す教育内容を"からだづくり"と称して取り組んできた。"からだづくり"は、体育文化の技術・技能を支える体力・運動能力、生活の土台となる体力・運動能力、生活を豊かにするからだの知識、健康・安全など、明日にでも必要となる内容だけでなく、将来の長きに渡ってからだを育み・守るために必要な内容と位置づけている。

II 持久走の実践から

　本校では、従来よりマラソン大会において、1・2年は1000m、3・4年は1500m、5・6年は2000mの距離を設定している。子どもたちは、マラソン大会に向けて授業時間以外にも、朝の時間や休み時間を使って練習している。　表1は、2005年度のマラソン大会

	2005年度		6年	5年	4年	3年	2年	1年
		平均	09:44.49	09:55.01	07:05	07:30	04:50	05:20
		S.D.	01:13.23	01:11.74	00:50	00:43	00:26	00:33
/km		平均	04:52.24	04:57.50	04:44	05:00	04:50	05:20
/km		S.D.	00:36.61	00:35.87	00:33	00:29	00:26	00:33

の結果であるが、1km あたり（/km）の平均タイムをみると、2年～3年と4年～5年のどちらも、500m 増える（運動負荷が増える）ことによって、10数秒多く時間がかかっていることが分かる。また、1km あたりの標準偏差をみると、2年以降わずかずつではあるが、数値が大きくなっていることが分かる。平均タイムからは、運動負荷が適切かどうかということを含め、子どもたちに負荷に対する意識を持たせる課題があるととらえた。標準偏差からは、平均タイムに対して、高学年になるにつれて遅れが大きくなる子どもへのフォローをどうするかという課題をとらえた。

　2006年度からはその課題に基づいて、3年と5年の距離が増える学年は、前年度の自分の記録の1km あたりのタイムのペースで、増えた距離の分も走りきれることを目標に設定している。2年・4年・6年は、1km あたりの前年度のタイムよりも、10～15秒速く走ることを目標に設定している。授業の中で、その目標設定について子どもたちに伝え、約1km のところで電子タイマーを用意したり、直接タイムを読み上げて伝えることで、1km あたりのタイムを意識させるようにしている。表2は、2014年度のマラソン大会の結果であるが、取り組みの結果、1km あたりの平均タイムをみると、運動負荷の増加分もほぼ克服して、各学年とも目標設定の結果が得られていたといえる。

2014年度		6年	5年	4年	3年	2年	1年
	平均	09:10.62	09:26.16	07:03.77	07:23.79	04:53.77	05:16.05
	S.D.	00:55.65	00:58.35	00:55.41	00:55.48	00:26.55	00:31.85
/km	平均	04:35.31	04:43.08	04:42.52	04:55.86	04:53.77	05:16.05
/km	S.D.	00:27.83	00:29.17	00:36.94	00:33.66	00:26.55	00:31.85

　持久走は、友達といっしょに練習することで練習の楽しみを見出したり、自己にうち勝つ忍耐強さを身につけることができる。そして、心肺機能を高めておくことは、将来の健康に向けても意味のあるからだづくりである。しかし、労多くしても練習の効果が実感できないとさらに練習しようという気持ちを保ちにくいことがある。どのような"めあて"を持って練習するのかを子どもたちが認識できるような工夫が大切であり、この例は、より長い距離を走るという運動負荷についての"めあて"を提示できたことが記録につながった例である。合わせて、現在は2年生で、保健授業「からだを知ろう」と結びつけて、持久走練習時に脈拍を調べる学習をしている。記録のみならず、からだの変化を実感できるようにすることも次への意欲へつなげるために大切であると考えている。

Ⅲ　認識

　本校では現在、「たくましい実践力」を育むためには、子どもの「たくましい心」を確

固たるものにするためのアプローチが必要と議論している。前述の持久走の実践においても言えることであるが、単なる精神主義の「たくましい心」では、たくましさ」に結びつけることはできない。例えば、マラソン大会について1年生に問うとほとんどの子が「1位になりたい」と答える。しかし、1kmをどのくらいの時間で走りたいかと問うと、その答えは「30秒」～「15分」とまちまちの答えが返ってくる。走りきる経験を積ませたり、めあて（目標）をきちんと持たせる助言が必要である。

「たくましい心」と言うが、心はどこにあるのか。心の所在については、5・6年保健の教科書にさえ、「心の働きは、脳で行われています。」と記されている。

体育科では、「たくましい心」と言うときに、単なる精神主義に陥らないためにも、「心は脳にある」というからだのメカニズム（からだのしくみ）に立脚し、子どもたちが「脳の整理」をできるようにすることから「たくましい心とからだ」を育めるようにとり組んでいる。この「脳の整理」をする活動を、「認識（を育てる）」活動と称している。前述の"めあて"を持たせる取り組みも認識を育てる活動の一環である。

Ⅳ　多様な体育文化の中で育むからだ－体育科カリキュラム－

以下は、現在の体育科カリキュラム概要を表にしたものである。各単元には、それぞれ

体育科カリキュラム概要（表）

2015年現在

	器械運動	内容	水泳	球技	陸上運動	その他	
1年生	・鉄棒 ・マット運動 ・跳び箱遊び	・雲梯、登り棒、鉄棒遊び → ・前転 ・踏み切り、着手、リズム	・水遊び ・バタ足	・サッカー ・ドッジボール	・直線走 ・リレー ・持久走	・一輪車 ・伝承遊び ・縄跳び	・運動能力測定 ・保健
2年生	・鉄棒 ・マット運動 ・跳び箱遊び	・逆上がり → ・後転 ・開脚跳び越し	・バタ足 ・背浮きバタ足 ・息継ぎ	・サッカー ・シュートボール ・ドッジボール	・短距離走 ・持久走	・民舞 ・相撲 ・一輪車	・縄跳び ・運動能力測定 ・保健
3年生	・鉄棒 ・マット運動 ・跳び箱遊び	・足かけあがり、足かけまわり → ・側転、開脚前後転 ・台上前転	・クロール	・ティーボール ・サッカー ・ドッジボール	・短距離走 ・持久走	・組体操 ・縄跳び	・運動能力測定 ・保健
4年生	・鉄棒 ・マット運動 ・跳び箱遊び	・腕支持後転 → ・倒立前転、伸膝後転 ・閉脚跳び越し	・平泳ぎ ・ブレスト	・ティーボール ・サッカー ・バスケットボール	・持久走 ・走り幅跳び	・民舞 ・縄跳び	・運動能力測定 ・保健
5年生	・鉄棒 ・マット運動 ・跳び箱遊び	・腕支持前転 ・跳び込み前転 ・台上からブリッジ	・4泳法 ・平泳ぎ、ブレストで長く泳ぐ	・ソフトボール・ティーボール ・サッカー ・バスケットボール	・持久走 ・ハードル走	・縄跳び	・運動能力測定 ・保健
6年生	・鉄棒 ・マット運動 ・跳び箱遊び	・腕支持前転 ・既習の技の洗練 ・既習の技の洗練	・逆飛び込み ・4泳法 ・平泳ぎ、ブレストで長く泳ぐ	・ソフトボール・ティーボール ・サッカー ・バスケットボール	・リレー ・持久走 ・走り高跳び	・組体操	・運動能力測定 ・保健

に、子どもたちへの願いとして、"からだづくり"として身につけて欲しいこと、"認識"活動として身につけて欲しいことがある。それは、それぞれの教材の持つ体育文化としての特性に、からだをくぐらせることによって、様々な体の動きを習得し、バランスのよい発達を期待することができるからである。そして、多様な教材を配置しておくことによって、それぞれの体育文化の連関の中で、「あの時はこのように（脳を）整理した」という認識を結びつけて、より広く、より深い認識を獲得できると考えるからである。これらの活動を積み上げる中で、子どもたちの発達を保障し、よりたくましい"実践力"の獲得も

でき、より深い学びにもつながっていくと考えている。

V 鉄棒（5年生）の実践から

「鉄棒・登り棒ができると何のためになるの？」、「走るのが速いと何のためになるの？」といった時々聞かれる問いかけについて、「いざという時にからだを守るためだよ。」と答えることがあるが、東日本大震災のような痛ましい災害・事故の際、高いところに逃げる・速く逃げることが必要だったことは鮮烈な記憶となった。子どもたちには「からだを守るためには日頃から」という意識を持ってもらいたいと願う。

「鉄棒」という「体育文化」を通しても、「からだを守るためには日頃から」を意識してもらいたいと願うので、5年の「鉄棒」の授業では、ワークシートを使ってグループ学習

をしている。気づいたこととして、「a. 足があがるようにする」、「b. 姿勢をきちんとする」、「c. うでの力をつける」といった気づきができていて、鉄棒（体育文化）を通してのからだづくりが意識できている様子をみることができる。鉄棒においても、「からだを守り・育てる」認識をより広く・深く獲得して欲しいと願い、実践している。

VI 子どもたちの深い学びのために

本校の体育では、目の前の子どもの生活との接点（現実）と向き合いながら、教育実践を理論化し、成果を教育実践に帰しながら、子どもたちの学びが深い学びとなるよう今後も努めていきたいと考えている。

横田誠仁

3年生「組体操」

たくましい子どもの姿を求めて

Ⅰ 運動会まで

　体育では新年度が始まってすぐに、5月下旬の運動会に向けて活動を始める。

　2〜6年生は得点の入る競技種目とは別に、踊りや、組体操を発表する体育発表の練習に取り組む（表1）。毎年、上の学年の体育発表を見てきている子どもたちは、先輩たちを越えられるようにと、1人1人がそれぞれの目標を持って、運動会の練習に取り組んでいく。それを通して、子どもたちは心身共にたくましく成長していくのである。

Ⅱ 3年生　組体操

　3年生の体育発表では組体操を行う。組体操は6年生で行うための前段階と捉え、仲間の重さを感じながら土台を作る。そして、土台が崩れないようにバランスを取りながら乗る等、普段は中々経験することのできない技へのチャレンジをするのである。また、6年生は音楽のリズムに合わせて自分たちでタイミングを合わせながら、技に取り組む。それに対して3年生では、音楽に合わせて自ら動くのではなくタイミングは笛の合図で取るようにしている。その分、笛の合図に対する機敏さ、メリハリを大切にしながら取り組んでいる。

1　ねらい

・友達の体の動きを、さらには自分のからだに興味を持てるようにする。
⇒体の動き方、使い方を理解しようとする。また組体操を行うことが、体つくりにもつながる。

・土台の作り方が分かってできる。
⇒組体操の技の基本。様々な技につながる。全員が必ず1回は土台を行う技（サーフィン）があるため、丁寧な指導を行う。

・笛の合図をしっかり守る。
⇒技の出来映えだけではなく、組み立てている間、解体している間、移動時すべてが演技である。

2　2人組倒立

　毎年必ず行う基本的な技がある。それは2人組で行う補助倒立である。この技を全員が本番で成功できるようになるために、4月の授業から、運動会までの毎回の授業で練習を行っている。

　組体操で技を行う上で、「体を支える」、「バランスを取る」、「逆さ感覚」といった能力は非常に重要である。これらのような能力は様々な技を組み立てる中で、必要になる能力だからである。倒立は、その能力を養うためにはとてもよい教材である。そのため、運

動会までの毎回の授業で取り組んでいるのである。

2年生までは倒立に必要となる「逆さ感覚」を磨くための運動は、鉄棒の技で行う地球周りや、逆上がり、また、マット運動で行う前転、後転程度である。そのため、腕の力で体を支持しバランスを取るという運動は極めて少ない。そのため、スモールステップで補助倒立の練習を行っている。

3　補助倒立の練習内容

①補助運動運動（毎授業行う）

「パッカ・パッカ・パッカ・パッカヒヒーン」
方法・目的
・手は肩幅程度に開く、指先開く。
→手、腕に力が入るようにする。
・手と手と目線で三角形。
→反対側に回らないようにするため。
・パッカで片足ずつ上げる。計4回。
→腕支持の力を養う。
・ヒヒーンで足を振り上げ、振り上げたまま、ばたばたする。
→腰を高くする感覚を養う。慣れてくると、ばたばたの時間が長くなる。

＊自宅などでも練習可能なため、倒立に苦手意識のある児童も積極的に練習をすることで、腰が上がっていき、徐々に自信をつけていくことが出来る。

②4人組補助倒立

〈方法・目的〉
・3人が倒立者の前、左、右で補助をする。
・倒立者は手を肩幅につき、手と手と目線で三角形を作る。
・左右の補助者が足をそれぞれ体がまっすぐ

学年	内容	ねらい
1年生	整列・行進	全学年、運動会で行う内容であり、体育の授業の中でも必要な集団行動を含むため、丁寧な指導を行う。
	直線走	
	ラジオ体操	
	玉入れ	「体育発表」にかわるプログラム。（玉入れの途中で簡単な踊りが入る）
2年生	民舞「うわじまガイヤ」	楽しくかけ声に合わせながら踊る。手足を大きく使って表現する。重心を安定させて踊る。
3年生	＊「3年生の取り組み」参照	
4年生	＊「4年生の取り組み」参照	
5年生	「リズム縄跳び」	音楽に合わせて様々な技をリズミカルに跳ぶ。
	民舞「よさこい～この地へ～」	4年生との合同発表。音楽に合わせて、仲間と共に楽しく踊る。
6年生	「組体操」	力を合わせて強い動きを作る。土台の大切さを理解し、積み上げていく楽しさを共に感じられる。

表1　運動会の体育発表の内容

時間	2017年度運動会に向けての活動内容	
1	1年間の活動について・組体操の心得・ラジオ体操等	クラス毎
2	1人技（V字バランス・肩倒立・水平バランス）	
3	1人技・2人技（サーフィン図1・補助倒立図5）	
4	1人技・2人技・3人技（扇・モール図6）	
5	1人技・2人技・3人技・5人技（滝図2・ブロッケン図3）	
6	1人技・2人技・3人技・5人技・7人技（ウルトラ扇・ハーフパイプ）	
7	7人技までの復習	
8	各技の立ち位置の確認	学年体育
9	各技の練習・笛に合わせた移動の練習	2クラス合同体育
10	全員技（インフィニティ＆ウェーブ図4・3段ピラミッド図7）	学年体育
11	1人技から7人技の通し練習・全員技の練習	学年体育
12	予行：入場から退場までの通し、全員技は除く	
13	予行で気になった点立ち位置・笛に合わせる動きなど）を修正	2クラス合同体育
14	2クラスずつ技の見せ合い	学年体育
15	通し練習1回	学年体育
16	運動会本番	

表2　体つくり運動の実践例

になるまでゆっくり持ち上げる。
・前の補助者は倒立者が倒れてこないように両手を前に出しておく。
→倒立者は体が一直線になるように、お腹、お尻に力を入れるようにする。初めての挑戦でも仲間に支えてもらえる安心感がある。

③壁よじ登り倒立
〈方法・目的〉
・壁と反対を向き両手をマットにつき、壁を足で上によじ登っていく。
→腕支持の力を養う。逆さ感覚を養う。

④3人組補助倒立
〈方法・目的〉
・補助者は横と前に1人ずつ立つ。
・倒立者は足を前後に開く。
・横の補助者は、倒立者の後ろ足があるサイドに立つ。後ろ足を持ち上げ、前の補助者と一緒に支える。
→片足が上がれば、もう片方の足も上がりやすくなる。
・慣れてきたら、倒立者が後ろ足から自分で振り上げつつ、補助者に補助してもらう。

⑤2人組補助倒立
〈方法・目的〉
・3人組補助倒立の、前の補助者がいない。横の補助者だけ。
→必ず後ろ足の方に立つことを意識させたい。

⑥2人組補助倒立・組体操発表用
〈方法・目的〉
・倒立者と補助者が向かい合う。
・倒立者が後ろ足を振り上げ、倒立者が捕まえ、その後上がってくる前足も捕まえ静止する。

図1　サーフィン

図2　滝

図3　ブロッケン

図4　インフィニティ＆ウェーブ

以上のような授業での取り組み、また休み時間や、自宅での練習を通して、本番に補助倒立を成功させている。

Ⅲ　たくましくなっていく姿

組体操は１人では出来ない種目であり、自分勝手な動きも許されない。互いに協力する、相手の気持ちを考える等、信頼関係の構築を大切にしながら取り組んでいる。クラス毎の授業では、毎回一つか二つの技を新しく練習していく。技毎にメンバーも替わる。技を行うグループはこちらで決めるが、誰がどのポジションを担当するかはグループ内での話し合いで決めさせている。話し合いや練習の中で、自分が必要とされる役割を見つけ完成を目指していくのである。

技の練習に取り組んでいく中で、組み立てる上で大事なポイントは「肘を伸ばす」、「顔を上げて背中を伸ばす」等、こちらから提示をしたり、子どもたちに見せることで気づかせるようにしているが、当然、練習し始めは思うような技ができない。その中でも、練習を重ねる中で、お互いにアドバイスをし合ったり、イメージと体の動きがつながることで完成に近づいていくのである。また、反復して練習をすることで筋力的なたくましさも当然ついていて、体つくり運動の１つとしての効果も十分に得られている。

運動会が終わると、体育ではマット運動を行う。３年生では開脚前転、開脚後転、そして側方倒立回転（側転）を行うのだが、「腕支持の力」、「逆さ感覚」等が組体操によって養われているため、上達も非常に早く、特に

図5　補助倒立

図6　モール

図7　3段ピラミッド

側転に関しては、どの児童も横向きに回るという恐怖心は無く、積極的に取り組む姿を見ることができる。

　　　　　　　　　　　　　　川田　豪

4年生「育ちゆく体とわたし」

真実に向き合い、自らが成長の扉を開くために

I. 性について学ぶ

人間の性は人格から切り離すことはできず、生涯を通じて人格形成や生き方に深く関係していく。本単元では、二次性徴を迎える際の過度な不安や興味を取り除き、大人の体に近づくことへの喜びや期待、責任感が持てるような授業を組み立てている。授業は、すでに起きている体の変化、これから起こるであろう変化、家族との関係など、さまざまな真実に向き合う時間となる。多少の恥ずかしさを抱きながらも、目を背けずに知識を自分のものとして吸収させる活動は、子どもが自らを成長させる貴重な時間となっている。

II. 授業の実際

※四角内は授業の最後に記入する感想

1　第1時「成長の振り返り」
- 第2発育急進期の入り口にいることを確認。
- 自分の1年生から4年生までの身長の「伸び」を調べ、必ず成長していること、成長には個人差があることを知る。
- 成長には、食事・睡眠・運動が必要であることを確認する。
- 今までの成長を支えてきてくれた家族から、成長に関する手紙をもらう。

> 人それぞれ成長がちがうことを初めて知り、自分は自分でいいんだなと思いました。／発育急進期は二回あることを学んだ。そして、今私がその第二の入口に立っていることにおどろいた。今こうやって私が生きているのは家族のおかげだと実感した。／母からのメッセージが涙が出そうになりました。食事・すいみん・運動を大切にしたい。

2　第2・3時「大人へ近づく体の変化」
- 外見と内面の変化（初経・精通）を学ぶ。
- 体の変化は新しい命を育むための大切な変化であることを知る。

思春期：「思春期は、自分の成長に心が伴わずイライラしてしまうことがある」「脳からの命令で自然と体に変化が起こる」と伝えると、子どもは「だから自分は最近こんなにイライラするのだ」と気持ちが落ち着いていく。自分の

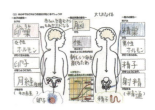
第2時ワークシート

第3時ワークシート

人格ではなく成長の過程であると認識することは、体の変化に伴う葛藤を乗り越える手助

けとなっている。

性の多様性：図表を用いて「受精卵から男か女に変わっていくため、男らしい女、女らしい男がいる」「生まれる前から男女共に、男性ホルモンと女性ホルモンを持っている」と説明をする。子どもは「だからそういう人がいるんだー」「自分は女なのに男っぽいけど、それでいいんだ」と自然に受け止めている。

> 女子にも男性ホルモン、男子にも女性ホルモンが、赤ちゃんの時からあることを知ってびっくりしました。／いやらしいと思っていたところが、大切なところなんだと分かった／前に母から月経のことを少し聞いて、来ないでほしいな、いやだなと思っていましたが、今日の授業を受けて、少し安心しました。／新しい命を育てるために、男性も女性もせいきのところにたくさん、ふくざつな仕組みがあって、人の体はすごいなぁと思いました。／今後中学ぐらいになったら「射精」が出てくると思うけれど、その時はあせらず「大人になったんだな」と思いたいです。

3　第4時「命の誕生（子宮内の変化）」

- 映像やぬいぐるみなどの教材を用いて、母体内の成長（第1発育急進期）を学ぶ。
- 産声によって、肺や心臓の機能が変化し、へその緒がなくても自分の力で生きていけるように体が大きく変化することを確認。
- 再度手紙を読み家族への手紙を書く。4回の授業を通して少し大人になった今、1回目に読んだ時と感じ方は同じだろうかと問いかける。

当たり前ではない命：「おなかの中で命を失ってしまった子」「生まれてからも命を失ってしまった子」「皆と同じ4年生でもずっと入院していて大人になれなかった子」がいる。大人はそのような子どもたちを知っている。だから、ここまで成長してくれたことに「ありがとう」と手紙に書いてくれた家族もいる。そのような話をすると、子どもたちは「え？！」と真剣な表情で話を聞き、じっと考える姿が見られるようになる。

> DVDで見た赤ちゃんが、ほほえんでいた姿が、感じょうが伝わってきて、心があたたまりました。／ぼくがあんな小さな命からここまで成長したとおどろいた。今まで育ったのがきせきのような事だったんだな。／じゅせいらんの小ささにおどろかされ、そしておどろくほど早い成長、信じられません。／命のはじまり（じゅせいらん）」は、つぶのようにとても小さいことで、私のように元気な子が育ち、また育つ、この命のつながりがとてもふしぎです。／赤ちゃんは、おなかの中にいる時、心ぞうが細かくゆれているのが感動した。私を育ててくれたお母さんは、ゆうかんだなと思った。／私は今まで生まれてきたことが当たりだと思っていたけれど、周りの人のたくさんのささえがあってけんこうに生まれてこれたことと、こうして「ふつう」に生れられているのが、とても幸せなことだというのを、今日の授業から一生忘れません。

II　実践の留意点

1　科学的思考と感受する力への働きかけ

体の変化を科学的に学ぶことは重要となる。しかし知識だけに偏ることなく、命の尊さを感じることも必要である。それは、自他共に一人ひとりの命を大切にする感情へと繋がる。

①揺るぎない真実を捉える

多様性：出生状況・家族形態・性の多様化が進み、多様ゆえに性教育の難しさも呟かれるようになっている。しかし、多様の中にもい

くつもの科学的事実がある。「友だちと違う」という不安をもつ子どもがいるが、出生した事実、今ここにいる事実、成長してきたという事実は、各個人が持つ揺るぎない真実である。揺るぎない真実として「自分」を捉えることは、自己肯定感を育むひとつになる。

②「恥ずかしい」から「大切なこと」へ

第2時の授業では、恥ずかしさからそわそわする子が多い。そのため、この授業で学ぶ意義について確認する時間を大切にしている。インターネットや噂ではなく、授業で学ぶことの意味を確認するのである。また、正しいことを正しい言葉で学ぶこと、医師や科学者のような気持ちになって自分の体を学習しようと伝えている。これは、子どもの表情が変化する瞬間である。「最初は恥ずかしかったけど、大事なことだし慣れてきました」という子がほとんどである。「今まで"うぇ〜"とか"やだなー"と思っていたことは、とっても大切なことなんだなぁーとかんじた。」と素直に気持ちの変化を表現する子もいる。

2 個人差への働きかけ
①個別対応

授業では一般的な話をしているが、人の成長は身長の「伸び」のように一人ひとり異なり、全く同じ人はいないということを毎回確認している。子どもの理解にも個人差があり授業中に発言しにくいこともあるため、授業の終わりに感想と質問の欄を設けている。個別の理解が深まる大切なツールとなっている。

②保健学習だより

毎回の授業後に、授業内容・子どもの質問・感想を載せたものを配布している。友達の理解を共有することは、学びを深めると共に「みんなもこんなこと思っているんだ」という安心感にも繋がっている。また、家庭で親子が話をするきっかけにもなっている。

III 授業のポイント
1 家族の協力

本単元は、家族の協力があり個別の振り返りがあるからこそ、他人事ではなく「自分のこと」として深く染み込む学習となっている。

家族から子どもへの手紙：各家族（両親・祖父母など）に、事前に「"今まで"と"これから"の成長に自信が持てるような応援メッセージ」として手紙を書いてもらっている。内容は、生まれる前のこと、出生時のこと、最近のこと、さまざまである。家族からのメッセージは、子どもにとって自分の存在価値を再認識すると共に、体の変化を肯定的に受け止めるための大きな支えとなっている。また、友達にも大切な家族がいることを子どもは認識する。手紙を受け取った子どもたちは、ぐっと涙をこらえる子、涙があふれてしまう子、恥ずかしがる子、友達の新しい一面に驚く子、さまざまである。

> 〜手紙に関する子どもの感想〜
> お母さんからの手紙を読んだとたんに温かいぬくもりに包まれた気がしました。／どのお母さんも、子どものことを一番に思っているなーと思った。／みんな一人ひとり大切にされている。みまもってくれている。／メッセージを紹介された時、うれしくて泣いてしまいました。今私は、発育急進期なのでちゃんとねたいと思います。ママ、ありがとう。

子どもから家族への手紙：「わたし」につい

て振り返り、これから先どのように成長していくかを考えるきっかけとなっている。

~子どもから家族への手紙（一部抜粋）~
保健の授業で命の大切さを学びました。／自分がこんなにも大切に育てられているなんて知りませんでした。／時々きついことを言ってしまってごめんね。／ぼくにとってもお母さんとお父さんは、大切な宝物です。／これからは、もっとたくさん寝て成長したいと思います。

2　感覚に働きかける

第4時「命の誕生」の授業では、受精卵から出生児までさまざまな教材を準備している。

教材は、子どもたちの感情が動くように、手にとって感じられるもの、実際と同じ大きさ重さのもの、温かみのあるものを選んでいる。人の命がある体は冷たいものではなく、「人肌」に温かいのである。心臓が動いていると分かる頃の胎児の大きさと重さがあるビー玉を温めておくと、手にとった子どもたちは温かさに驚く。母のお腹にいる時は、このぐらい温かく気持ちが良いものだと感じることは、自分が大切に育てられたことへの安心感から自信へとつながっている。

子宮内の胎児の様子を実感するために、ぬいぐるみの他に4Dエコー（超音波検査）の映像を確認している。胎児が微笑む姿、手足を動かす姿をなどを見ることができる。子どもたちは、「うわー！」「宇宙人みたい」「可愛いー！」と画面にくぎ付けである。胎児が母親のお腹の中で「生きている」ということを実感する瞬間となる。

胎児をそっと手にとる

胎児を抱き重みを感じる

受精卵と胎児の教材。黒い画用紙は、受精卵の大きさを表現するために中央に針で穴を空けている。

黒い画用紙にある針穴をみつけて、受精卵の大きさを確認する。

保護者から届いたコメント（その後の子どもたちの変化について、一部抜粋）
自分で自分をうまくコントロールできるようになり、自らの成長の扉を開くことができました。／自分も友達も大切な尊い存在であると分かったようです。／男女の性差や体の変化など真摯に学んでいました。／生活習慣について自ら意識をし始めるようになりました。／授業のおかげで慌てることなく、喜びを持って現実を受け止めることができました。

秋山聡美

自力でコミュニケーションを取るたくましさの育成

I 小学校で身につけたい力

　本校では、創設当初より、全学年に英語の授業があり、英語教育に力を入れてきた。現在、4技能5領域における6年卒業時の到達目標に基づき、各学年でのカリキュラムを組み、それぞれの技能における力の伸長を通して、確かなコミュニケーション能力の育成を目指している。その中でも、小学校の時期だからこそ身につく英語力として、①「聞いてわかる力」、②「英語で瞬時に答える力」の二点を掲げている。①のためには、音の違いに敏感で真似をすることに抵抗がないこの時期に、十分な英語の音を耳に入れてリスニング力を強化、自分でもリピートすることで発音を身につけることができるように成蹊小学校独自の多聴プログラムの実施。また、「たくましさ」を"Resilience"ととらえ、②のためには、英語で質問されたら、ためらわずに瞬時に返せる瞬発力と、堂々とした態度、そして、その場で英文を構成する力の育成のため、ネイティブスピーカー指導者との1対1の英会話を実施している。

英語科の特色

① 読む（フォニックス・多読活動・英検5級の語彙）

自力で読めるようになるためにフォニックス指導を大切にしている。1年生からアルファベットの文字の名前と音を指導。3年生より多読活動を取り入れている。多読用の教材については、BBL（Building Blocks Library）など、フォニックスのルールを使うと読める教材からスタートするが、高学年になると、クラシックストーリーやリライトされたものも使用する。英単語については、6年生までに英検5級レベルの語彙について、単語を見て意味がわかるように指導していく。

多読用教材と記録用紙

② 書く（スキット作成・ステイ先への手紙）

毎単元の終わりには、ペアになって、学習した英語表現を使って発表するスキットの原稿を書く。

また、6年生は、ホームステイ先などに、自力で10文以上の自己紹介を英語で書く。多聴プログラムの木曜日は、その話に基づいたライティング、金曜日が語彙学習となっている。

スキット発表のための原稿の例（5年）　→

単元：Fun on the weekend

自分が実際に週末にしたことについて発表する。

スキット発表の原稿

③ 話す（スキット発表と英会話）

「話す」活動をCEFER–Jに基づき、予め用意した英語を発表する「発表」Spoken production と寸時の英語の「英会話」Spoken interaction に分けて考えている。

1 「発表」（授業実践1）Spoken production

どの単元においても、学習した英語表現を実際に用いたペアでのスキットの発表をクラスの前で実施。

2年生の発表（ルーティン通り）

3年生（自分たちで工夫していく）

2　「英会話」Spoken interaction

　6年生では、この1対1の英会話を実施しており、12月の参観週間では、この英会話の様子を保護者に見ていただく。6年生卒業時には、ネイティブ講師と3分間英会話を実施する。英語で聞かれたらすぐに英語で返す瞬発力、態度を養うという目的で、2年生でも少人数による英会話を実施している。

1対1の英会話

④　聞く（多聴プログラムでリスニング力強化）

　英語でコミュニケーションを取れるようにするためには、良質の英語の音を大量に耳から取り入れることが必要なため、「多聴プログラム」を4年生以上で実施している。例えば、6年生の多聴プログラムは、成蹊小学校の一年を追った、子どもたちの生活に密着した内容となっていて、月曜日から水曜日が毎日違うストーリーとなっている。

　英語を家で聴いて一緒に声に出して練習することによるリスニング力、スピーキング力アップの成果は、通常の英語の授業の中で、子どもたちのリスニング能力の伸び、発音の正確さ、英会話に取り組む態度の積極性などから伺うことができる。培ってきたリスニング力は、英会話活動のほか、CLIL（内容言語統合型学習）の際、情報を英語で聞き取り、理解する場面でも発揮される。
クリル

オリジナルリスニング教材

⑤　実地体験（オーストラリア体験学習）

1　自分の英語の力試し

　このようにして、4技能5領域に渡って身につけてきた英語力を、試す場面として、5年生の春休みと6年生の夏休みに実施されるオーストラリア体験学習がある。体験学習に参加する前には、役立つフレーズの学習をし、先輩たちが、実際に使ったフレーズと英語で困った場面について知り、どう言えばよかったかについて考えていく事前学習を実施している。オーストラリア体験学習は、自分が、相手の英語が聞き取れるのか、自分の英語がどれだけ通じるのか力試しの場となる。現地のカランドラ校では、実際の授業に1週間入るので、現地の児童と同じ授業を受けることになる。教室に入っての自己紹介、先生との会話、友達同士の会話と英語漬け、英語イマージョンの世界となるので、参加児童は、

「学習してきた英語を試そう」と目標を立てて準備をしていく。

2　事前学習の様子

場面に合った英語表現の学習

こんな時、どう言う？

3　現地での様子（オーストラリア体験学習で英語の力試し）

自己紹介（一般クラスに混入）

ライティングのチェック

全教科一緒に学習

II　6年卒業時の到達目標

6年卒業時の到達目標については、6年の3学期に一人ずつ到達度をチェックしていき、英検5級を受検する。4技能5領域における確かな英語力を身につけていく過程、ペアでのオリジナルスキットの発表、ネイティブとの1対1の英会話、自主的に家庭でリスニング力強化に励む多聴などの英語の授業に関する活動を通して、創造性や自主性、そして"Resilience"といったたくましさを身につけていく。

到達目標

岡崎啓子

3年「Beautiful Nature」

発表（spoken production）
相手と違う視点を持ち、自分の意見を述べる授業

I 題材

WE CAN! Unit 4：Beautiful Nature

II 指導案（抜粋）

指導案

今回は、思考のうちでも Higher Order Thinking Skills の中で、高いとされている Creating のスキルを使う活動を取り入れた。

具体的には、相手が自分の述べた感想に、"No, it's not." と言って相手が同意しない時、その理由を聞き返す点と、"No, it's not." と答えた側は、自分なりの形容詞を探し、相手とは違う意見を述べると言う点である。

III 授業の実際

自然の写真のカードを無作為に配る。子どもたちは、自分のカードが何なのか、一斉に開けるまでわからない。自然の写真は既習単語の中から、感想を持ちやすそうなもの（bat, bird, frog, butterfly, ladybug, rainbow など）を選択。"Open them!" で一斉に自分のカードを開けた時には、歓声が上がる。

次にワークシートに自分の自然カードのについて、ワードバンクの形容詞を参考に感想を記入してスキットの基を作成する。

"Open them!" で一斉に自分のカードを開けたところ

自分の感想をワークシートに書き込む

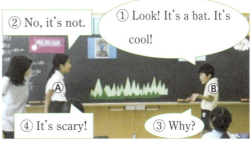

2回目　Ⓑからスタート

ワークシート

発表の様子　　1回目　Ⓐからスタート
A: Look! It's a bird. It's beautiful.
B: No, it's not.
A: Why?
B: It's funny.

Ⅳ　考察

　無作為に配付された自然のカード。自分のカードは、何なのか、子どもたちは、興味津々で開ける瞬間を待つ。「beetle, bat, spider, grasshopper…」ワークシートに自分の自然カードの英単語と、それに対する感想を書いていく。今回、ワークシートを使用したので、記入している間に、発音などについて質問を受けることができた。いよいよ、発表タイム。他の友だちは、どんなカードをもらって、それについてどんな感想を言うのか、また、その相手はどう返すのか、いつもの発表より、スリルがあるため、聞く側の授業への参加度は、明らかにアップした。自分の予測と同じ感想のときには、「おー！」と言う声があがったり、なるほどとうなずいたり、発表者と聞く側の一体感が生まれていた。そして、順番に発表する時、発表者は、相手の英語をしっかりと聞いて理解し、思考回路をフルに回転させて、自分の感想にふさわしい形容詞を選び、たどり着いた英語を述べることができていた。

岡崎啓子

2年「My Family」・6年「3分間英会話」

英会話（spoken interaction）低学年で瞬発力、6年生は集大成

2012年度より、6年生の週2回の英語の授業の1回を英会話の授業と位置づけ、瞬時のやり取りの実践の場としてきた。2017年より、さらに、瞬発力と態度を養うために、2年生の授業でも英会話を取り入れている。

I　2年の実践

NS、JTによるティームティーチング
（NS：ネイティブスピーカー、JT：日本人指導者）

1　題材
WE CAN!
Unit 3: My Family

2　目標
授業で学習した家族についての質問を理解し、答えることができる。

3　授業の流れ
①語彙の復習
Grandpa, Grandma, Dad, Mom, brother, me, sister を絵カードを使って復習する。（JT）

②英会話の練習
何人家族なのかについて、"How many people are there in your family?" を使って、たずねたり、答えたりする。（フラッシュカードを使用）（JT）

③グループ英会話
実際に自分の家族について英会話の中で答える。

2年　グループ英会話の様子

II　6年の実践

NS、JTによるティームティーチング

毎回、家族、手伝い、一日の生活、運動会、夏休み、文化祭、クラブ活動、将来の夢などのテーマに基づき、少人数もしくは、1対1で英会話を実施している。

1　題材
到達目標チェック　3分間英会話

2　目標
既習の英語表現を使用して、NSと3分間

英会話をする。(3学期)

3　授業の流れ

1回の授業で7人の3分間英会話を実施。当日、英会話を受けない子どもたちは、教室内で、JTから、リーディングや語彙の目標到達度のチェックを受ける。チェックを待つ間には、多読活動をし、読書記録に読んだ本の題名、語数などを記入する。

> ※子どもの動き
> ①教室内で自分の言いたいことをワークシートを使用して準備する。
> ②ワークスペースでNSと英会話をする。
> ③カードにメッセージを書いてもらう。
> ④教室に戻り、自分の英会話について話したことを3分間英会話の振り返りシートに書く。

※　NSの役割

教室の外のワークスペースで、英会話を実施。子どもたちが、話したい、通じなかった時は、言い直して挑戦したいと思える状況を作り、会話をリードしていく。

NSとの英会話

※　JTの役割

教室内で、英会話の準備や、会話が終わった振り返りの手助けをする。

3分間英会話の振り返りワークシート

英語が通じた成功体験を重ねる目的で実施している英会話の授業だが、言いたかったことがうまく通じなかった場面にも遭遇することがある。どう言えばよかったのかという振り返りの場面で手助けをし、次回に活かす点にも"Resilience"「たくましさ」を求めている。そして、3学期に実施する3分間英会話。My Best Memoryで、小学校生活を振り返ったり、My Dreamで自分の夢について話し、それぞれの6年間の集大成を英会話の中で行っていく。

岡崎啓子

6年「Sports Day」

内容言語統合型学習
「SELP-CLIL アプローチ」
（セルプ クリル）

　6年英語の授業でたくましさを追究する実践として、年間約4回、「SELP-CLILアプローチ」による授業を行っている。「SELP」とは4～6年生で使用している「成蹊小学校英語多聴プログラム（Seikei Elementary School English Listening Program）」の略称、CLILとは「内容言語統合型学習（Content and Language Integrated Learning）」の略称である。今までの実践としては、「Summer in Canada and Japan」「Winter Holidays in the US and Japan」「Schools in Canada and Japan」など、日本と海外を比較する異文化理解的な内容が多いが、最新の実践「American History：Thanksgiving」は米国史についてであり、教科内容型実践にも取り組み始めている。また、ネイティヴ指導者とのTTのほか、日本人指導者同士でのTT、成蹊大学や成蹊高校の留学生との少人数グループ対話など、様々な形式での実践も試みている。以下、2015年6月の成蹊小学校創立100周年記念公開研究会で行った第1回「SELP-CLILアプローチ」による授業「Sports Day：Canada vs. Japan」を紹介し、このアプローチによる授業の留意点及びこの授業によって6年生に身についた力について述べる。

I 「SELP-CLIL アプローチ」の授業実践

　6グループに分かれて座っている子どもたちに、"Today you are going to listen to a story from Lance, but what's the story about?"と質問すると、ある子がすかさず挙手して"Sports Day!"と答えた。ネイティヴ指導者が"Bingo!"と応じると、他の子どもたちも口々に"Sports Day!"「カナダの運動会！」と興味を示した。次の"What kind of sports events did you have for Seikei's Sports Day?"という質問にも多くの手が挙がり、"Group gymnastics""Tug of war"など、前の月に実際に学校行事として体験し、「SELP6」による事前学習で学んだ成蹊小学校の運動会の競技種目名を自信満々の表情で英語で答えた。導入の最後に、"What do you say if you want to hear one more time?"など英語での質問の仕方を問うと、"One more time, please!""Please speak slowly.""What does ～ mean?"と教室中から聞こえてきた。

　教室内が英語の雰囲気になり、子どもたちが課題を理解したところで、ネイティヴ指導者に「カナダの運動会」について質問し、ネイティヴ指導者が小学生時代に実際に体験した面白いエピソードを混じえながら「カナダの運動会」について話をする、というダイア

ログ形式の授業を開始した。子どもたちは集中してネイティヴ指導者の話に耳を傾け、ワークシートのメモ欄に聞こえたままの音をクリエイティヴな英語のスペルやカタカナでメモしていた。（正しい表記法は授業の最後に教えたが、ここでは、英語の音を聴き取り、英語で内容を捉えることの方をを重視した。）

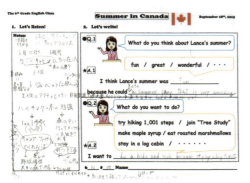

Summer in Canada and Japan のワークシート

話題の切れ目で"Question Time!"と二人のダイアログを区切り、子どもたちにダイアログの内容について質問（計10個）を投げかけた。Q1: How many teams were there for Lance's sports day in Canada? → A1: Three. のような、聴き取った数字を答えるだけの簡単な質問もあるが、ほとんどがQ2: What are their names? → A2: Greek, Roman, and Trojan. のような、難しい英語を聴き取り尚且つ英語らしい発音で答えなければならない質問であるため、わからない時には挙手して英語で質問し、周りの友だちと助け合いながら、積極的に質問に答えようとしていた。

授業のまとめで、子どもたちは、「成蹊小学校」と「カナダの小学校」の運動会を比べ、ワークシートに予め印字された"I think"と"because"の後の下線部空欄に自分のことばで意見や感想を書いた。最後に、その自分の意見や感想を、挙手して一人ひとり、全員が堂々と英語で発表することができた。

II 「SELP-CLIL アプローチ」の留意点

この授業内容を子どもたちが理解するためには、学習者自身（I）よりも少し高いレベル（＋1）の学習によって最大の効果を引き出す「I＋1」という第二言語習得理論に基づいて、オーセンティックな素材を子どもに最適なレベルに書き直したダイアログ、日本語を介さずに英語を理解するための数多くの視覚教材等のスキャフォールディングの提示が欠かせない。しかしながら、それらの助けがあったにせよ、ナチュラル・スピードで話されるダイアログを理解するためには、日頃から授業や「SELP」で英語リスニング力を鍛えている必要がある。

板書

III 6年生に身についた力

この授業を通して、意味のある内容を英語で理解する力（リスニング力）、わからない時は英語で質問する力（インターアクティヴなコミュニケーション力）、"I think"と"because"を用いて自分の意見や感想を理由と共に発表する力（表現力）、そして、異文化について視野を広めること（異文化理解）ができたのではないかと思う。　　**ドーソン静香**

国際学級の取り組み

I 成蹊の国際学級

　本校の国際学級では、海外に2年以上滞在し、かつ日本に帰国をして1年未満の4年生の児童を受け入れている。4月入学生と9月入学生を合わせて16名が入学する。(9月入学生は、4月入学生の合格者数が定員に満たなかった場合に募集をする。)ここ3年間の国際学級に入学した子どもたち(2017年現在の4年～6年の各16名)は、表1から分かるように世界各地から帰国し成蹊小学校の門をくぐっている。

アメリカ	10	アラブ首長国連邦	2
シンガポール	7	マレーシア	2
タイ	4	ブラジル	2
オーストラリア	3	オランダ	1
ロシア	3	トルコ	1
インドネシア	3	中国	1
イギリス	3	フィリピン	1
フランス	2	台湾(中華民国)	1
ドイツ	2		

表1　国際学級に入学する前に滞在した国

II 国際学級の歴史

　本校の国際学級の歴史は大変古い。海外からの帰国者の子弟のために設置された「和組」が創設されたのは、1918年(大正7年)。今から100年前のことである。その後、時代の流れに合わせて、設置と廃止を繰り返し、また、名称も変えながら、2006年にこれまで独立した学級方式をとっていた国際学級から、一般学級の子どもたちとともに帰国児童が学ぶ「混入学級方式」の国際学級にたどり着いた。

　一定期間一般学級の中で学んだ後、国際学級から一般学級に移行できるかどうか進級会議で判断する。

対面式の様子

III 一般学級混入に向けて

　国際学級に入学した子どもたちは、約1カ月かけて、一般学級に入る準備をする。成蹊小学校では、その期間をオリエンテーション期間と呼ぶ。海外の学校で学んだことを大切にしながら、本校の学校生活にスムーズに移

行できるように、ソフトランディングを意識して国際学級の教室で学んでいく。

給食の様子

　国際学級に入学する児童は、これまでの小学校生活のほとんどを海外にある学校で過ごしている。海外滞在中に日本人学校や補習校などに通ったことがない子どもも多い。中には、日本国籍を持っているが、海外生まれで保護者の転勤に合わせて何カ国か滞在したのち、初めて日本で生活をする子どももいる。

　国際学級に入学してきた子どもたちにとって、日本の学校と今まで海外で通っていた学校の違いはあまりにも大きいはずである。

　治安や法律のために、子どもだけで出歩くことはできないので、送り迎えは保護者同伴が原則である。上履きに履き替えることや体操服に着替える習慣はほぼない。授業では、日本人の視点から見るとうるさいと思われるほど発言をする方が評価される傾向にある。授業中に机に置いた水筒やペットボトルに入った水は自由に飲む。ランチの時間の他にスナックを食べる時間もある。ベルが鳴ったら授業は終わるのは当たり前で、万が一キリがよくなくても、教師はそこで終わる。子どもたちもベルが鳴った途端教室から飛び出していく。

　上に書いた事柄は、ほんの一例ではあるが、海外から日本の学校に来た子どもたちが、カルチャーショックを受けることは多々ある。

　ただし、どちらがいいと議論をしているのではない。海外での常識が、日本では非常識に感じることがある。そしてその逆も有り得る。「海外から戻って来た子どもたちに、知らないことを教えていくこと」を意識して教員が子どもたちに接するうちに、国際学級の子どもたちは日本の学校生活にだんだんと慣れていく。

1　生活面のサポート

　オリエンテーション期間中は、学習面と生活面の両面でのサポートをしていく。

　まずは生活面でのサポートに特に力を入れる。本校では、制服で登校し、学校内では校内着で過ごす。学校で着替えたことのない国際学級の子どもたちには、着替える場所の確認や着替えた後に制服をハンガーにかけて所定の場所にしまうところまで、細やかに指導する。また、日本に住んでいると当たり前に感じる通学も、海外に住んでいた子どもたちにとっては、大きなチャレンジになる。初めのうちは、保護者が学校まで送り迎えをするが、だんだんと１人で通学する距離を広げていく。子どもも保護者も安心して自信をもって登下校ができるように、保護者と担任が連携を取りながら取り組んでいく。

2　学習面のサポート

　学習面では、まずは３年生までに学習した内容を確認する。併せて、４年生の学習内容も押さえていく。専科の授業では、国際学級

の新入学生が一般学級に入ったときに授業にスムーズに参加できるように特別授業を行う。また、小学校から大学まで同じ敷地内にあるワンキャンパスの学園である特性を生かし、中学・高校・大学の施設を見学したり、実際に体験をしたりする。

学園内めぐり

また、社会科と関連付けながら、学園のある吉祥寺の町を探検することも大事にしている。このときに、集団で道路を歩くときに注意すべきことや電車やバスに複数で乗る場合のマナーなども確認する。海外に住んでいるとそのような機会がない国際学級の子どもにとっては大切な経験となる。

下校マナー指導

3　いよいよ一般学級へ

オリエンテーション期間が終了すると、いよいよ一般学級に混入をすることになる。

新しく入学した児童が、4クラスのうちどのクラスに混入するかは、その児童の今までの教育歴や、性格、適性などをオリエンテーション期間中に総合的に判断し決定する。

一般学級での歓迎会

一般学級に入ってからは、各クラスのルールを覚えながら学級での生活に慣れていく。もちろん、オリエンテーション期間が終わっても、国際学級担任と一般学級担任が連携を取りながら、個別にサポートを続けていく。

Ⅳ　英語の授業と取り出し授業

一般学級に混入後は、一般学級の子どもたちとともに同じ教室で学ぶ。ただし、英語だけは以下のように進める。

・一般学級の子どもたちが受ける英語の授業には、日本人学校出身の子どもと英語以外の言語を使う現地校に通っていた児童が参加する。
・英語圏の現地校やインターナショナルスクールに通っていた児童は、アドバンス英語の授業を受ける。

以下は、4年生のある日の時間割である。

	一般学級の時間割	国際学級の子どもの動き
1	国語	国語（一般学級の子どもと一緒に授業を受ける）
2	算数	算数（一般学級の子どもと一緒に授業を受ける）

3	英語	※1は一般学級の子どもと一緒に授業を受ける ※2は取り出し授業
4	社会	社会（一般学級の子どもと一緒に授業を受ける）
5	こみち	こみち（一般学級の子どもと一緒に授業を受ける）
6	＜下校＞	※1は取り出し授業 ※2はアドバンス英語

表2　4年生の時間割
※1 日本人学校と非英語圏の現地校出身者
※2 英語で学習をしていた者

「アドバンス英語」は、バイリンガルまたはネイティブの英語科の教員によるクラスである。アメリカの現地校で使っているテキストを使って授業を進める。プレゼンテーションやレポートの課題も取り入れ、総合的な英語力を身に付けることを目的としたクラスである。

アドバンス英語

また、国際学級の子どもには、「取り出し授業」が行われる。取り出し授業は、自分が参加しない英語のクラスのときに国際学級教室にて授業を受ける。（時間割を参照）帰国した子どもたちが苦労しそうな単元や内容を押さえながら、国際学級担任が個別に対応する。また、一般学級担任や専科教員とも相談をして必要な課題を一緒に取り組むこともある。

取り出し授業の様子

本校の国際学級は、冒頭にも書いたとおり、100年の歴史がある。その時代のニーズに合わせて、形を変えながら進化を続けているクラスと言っても言い過ぎではない。数年先には、ひょっとすると現在と同じスタイルの国際学級ではなくなっているかもしれない。ただ、1つ言えることは、どのような形態になったとしても、国際学級の子どもたちと一般学級の子どもたちがお互いに刺激しあいながら、ともに学んでいく姿は変わらないであろう。海外からみた日本。日本から見た海外。それぞれの良さを知っている国際学級の子どもが、今までの経験を大切にしながら一般学級の中で学べる環境が、本校にはある。

一般学級への出発式

永松啓治

1年〜3年生　夏の学校

仲間とともに過ごす学び

I　夏の学校とは

　1年生から6年生までの「夏の学校」は、本校の鍛錬の伝統をもっともよく表す代表的な宿泊行事である。1912年に池袋で中村春二が開校した「成蹊実務学校」に始まり、本校が創立された年の記録によると1915年7月19日から9月13日まで、57日間にわたって初めての「夏の学校」を行っている。「夏の学校」を行う第一の理由は、夏の暑さという天が与えた条件を利用して、子どもの精神を修養させ、肉体を鍛錬し、あらゆることに本気になって奮闘努力する人間を作ろうとすることにあった。

II　現在の箱根での夏の学校

　1943年に岩崎家から神奈川県箱根町元箱根の土地が成蹊学園に寄贈された。千葉県館山市波佐間（現南房総市）にあった宿舎2棟を移築し、ここが「成蹊学園箱根寮」になった。そして、1997年7月には鉄筋2階建ての「箱根寮」に生まれ変わった。
　箱根寮は、芦ノ湖畔の元箱根から道を北にとって少し歩いたところに位置している。
　6万3000余坪という広大な敷地の中で、寮舎は敷地の中で最も眺めのよい場所に建ち、様々な鳥の鳴き声が聞け、今でも自然の宝庫の中にある。
　現在、箱根寮での「夏の学校」は、1年生から3年生までがそれぞれの日程で実施している。「夏の学校」のめあては以下となっている。

1　集団生活を通して、きまりを守り、お互いに助け合う。
2　自分のことは自分でする。
3　箱根の自然に親しみ、伸び伸びと生活を楽しむ。
4　自然観察、遠足、遊び、学習などを通して、心と体を鍛える。

III　自分の事は自分で（1年生）

　7月中旬に2泊3日の日程で、寮での集団生活に慣れることを第一の目標として実施している。小学校に入学して3ヶ月余り経った子どもたちが、親元を離れ自分の身の回りのことを自分でできるようにすることも大切な目標である。寮に到着した1日目は、箱根寮の自然に親しむために、乗風台と呼んでいる広大な広場で、思い切り遊ぶ時間を取っている。「玄関を出たら直ぐ遊び場」と、子どもたちは、普段できない遊びの時間を喜んで存分に過ごす。夜の就寝準備の時間になると、どの場所にどのように蒲団を並べていくのか、

担任からの説明を聞き友達と協力して自分たちの28枚の蒲団を大部屋に敷いていく。

シーツかけなども初めてで戸惑うことが多く、時間をかけて行っている。2日目は、寮から箱根園のロープウェー乗り場まで歩き、駒ケ岳に上る。駒ケ岳頂上で子どもたちは箱根寮を探したり、緑の山に囲まれた芦ノ湖の大きさを体感したりと、箱根の自然に感動する。芦ノ湖で双胴船と海賊船に乗って、湖畔を歩きながら、寮へと戻る遠足をしている。

Ⅳ　仲間と助け合って（2年生）

6月上旬に3泊4日で緑あふれる箱根を訪れている。2年でクラス替えを行う為、新しいクラスで友達と過ごすこの生活は、互いを知り友だちを認め合う事にも繋がる。クラスがまとまっていくよい機会でもある。

1日目は、1年生の時のように、乗風台での遊ぶ時間もたっぷり取ることにしている。また、寮の敷地奥まで散策しながら箱根寮の広さも体験していく。

2日目は、箱根の自然を感じながら近くの山に登ったり、旧箱根街道を歩き杉並木の大きさに触れたりとさらに行動範囲を広げる。

朝から寮に戻るまで、1年生の時より更に歩く時間が長くなり10kmを越える事もあるが、誰一人隊列から遅れることなく行事を終えている。

3日目は、寮内での飯盒炊飯やバーベキュー、そして、友だちと協力して問題を解決し合うスタンプラリーを行っている。ここでは1年生の時より、グループで行動する時間が多くなる。自分たちの力を発揮して助け合いながら過ごしていく。

Ⅴ　心と体を鍛える（3年生）

3年生は1年生の夏の学校後に、箱根寮に出発する。4泊5日と泊数も増えさらに活動が広がる。3年生の行事で欠かせないのが「金時山登山」である。金時山は木陰の少ないはだか道で急勾配もあり、地元の小学校では上級生向けのコースとされている。

しかし、この3年生で登山するのは、本校の日常での鍛錬教育によるものといえる。登山を終えた子どもたちには、困難な山行を克服した達成感が漲っている。

さらに、寮内を利用しての、オリエンテーリング・ウォークラリー駅伝など工夫を凝らした行事も行っている。就寝前の蒲団敷きは、もう自分たちでできるようになっていたり、様場面で々な困っている友達を思いやって過ごしたりと、箱根寮での最後の夏の学校の生活では、1年生の時と比べ成長が見られる。

帰京の際は、寮長さんが涙ぐみながら、バスに乗り込んだ子どもたちに手を振って下さる。深い愛情を持ってお世話して下さる寮の方々にいつも感謝して、箱根寮を後にする。宿泊を行う24時間教育と掲げられ、伝統に根ざした箱根での夏の学校では、この3年間で連帯と自立の基礎を培い、さらに自然観察、遠足、遊び、学習などと行動範囲を広げ、心と体を鍛えることに重点をおいたプログラムを実施している。

1年生の夏の学校

寺井久代

4年生 夏の学校

「実際に」の大切さ

　4年生夏の学校では、千葉県南房総市白浜で「理科に関する活動・学習」を多く行っている。ここでは、その「理科に関する活動・学習」について書いていく。

Ⅰ 磯の生き物採集・観察

　磯の生き物採集は大潮の日、タイドプールで行う。

磯での生き物採集

ここで子どもたちは、網やスプーン、そして自分の手・足・目など全身を使い、様々な生き物を探し、捕まえる。事前に学校で生き物が隠れていそうな場所を考え、まとめているので、この場で知識と実体験とが重なるのである。岩の下やすき間、海草の裏を見ると一瞬で目の色を変える。生き物の多さ、生き物が実際にいること自体が驚きなのである。この表情は理科室の中だけでは見ることができない。机上の知識ももちろん大切であるが、子どもへ与える影響としては、実体験に勝るものは無いと改めて感じさせられる。

　磯で採集してきた生き物はホテルで観察をする。エサをあげて口の場所を調べたり、透明な板に乗せて裏から動き方を見たり、カニのはさむ力を調べたり…。アメフラシの「紫色の液体」は子ども達に大きな驚きを与えてくれる。イチゴパックに海水を入れて観察していると、海水が紫を通り超えてほとんど真っ黒になってしまう。

　トゲに目を向ける子どもが多いウニだが、

生き物の観察

実際に観察するため持ち上げようとすると、容器の底に張り付いて取れないことが多い。取るのを手伝い、逆さにしてみると「トゲじゃない、ニョロニョロしたものがある。」と管足の存在に気づく。すると子どもの興味は一気に管足に向き、「移動する時にも使っている。足みたい。」と言ったり、虫メガネで観察し、「先が吸盤の様になっている。」と進んで調べていく。これは机上の学習だけでは得られない知識として、記憶に残るだろう。

Ⅱ 海辺の植物観察

　海辺の植物観察は「ハマボウフウ」や「ハマヒルガオ」「ハマニガナ」などを確認した

後、班ごとに観察する植物を決めスケッチをする。観察用紙には、茎や根の長さを記入する箇所もあり、スケッチを始めるにはまず根の先が見えるまで砂を掘り返さなければいけない。班全員で10cm、20cmと掘り進めても「ハマボウフウ」の根の先端はまだ見えない。「ハマヒルガオ」や「ハマニガナ」は、地下茎が横に広がるため、地上で離れた所に咲いている花が地下で繋がっている。これを見ると「何これ」と驚きの声で海岸があふれる。そこから子どもと海辺の植物の真剣勝負が始まる。掘っていくにつれ砂が湿ってくるので、掘りにくくなるが、「まだ続いている」「細くなってきた」と言い、からだと移植ごてを駆使し、班のメンバーと協力をして掘り続ける。掘り終えた時の達成感がとても大きいことは、表情から伝わってくる。

この経験から得られた「海辺の植物の根は長い、茎は広がっている」という知識は、一生のものとなるだろう。また、「なぜ、こんなに長いのだろう？」と尋ねると、「下の方の砂がぬれていたから、その水を吸い上げるため」と、砂の湿り具合も感じながら掘っていたことがうかがえる。

植物の根の観察

正に、実際に掘ったから感じることができる事実、そして学びである。

Ⅲ　海水からの塩づくり

この活動は、「海水が塩辛い」理由を自分の目で見て、食べて確かめるとても大切な活動である。「海水が塩辛い」ということは、みんな知っているし、塩辛いのだから、海水には塩が含まれているということも皆、容易に想像がつく。しかし、実際に海水に塩が含まれていることを確かめた経験は、ほとんどない。そのため、この活動も「実際に」から学べるとても大切な活動である。

班ごとにかまどを作り、薪をならべて火をつけ、火が薪に移ったら、精一杯あおぎ火を大きくする。しかし、一向に塩は見えない。それでも、粘り強くあおぎ続ける。やっとフライパンの縁に塩が見えてくると、子どもたちはとてもうれしそうに、さらにあおぐ。そして、最後にはコーヒーフィルター等を使い「にがり落とし」をしてできた塩を集める。この「手作りの塩」はトマトにつけて味を確かめる。塩は普段、どこでも口にしているが、自分が作ったとなれば味は格別に感じる。トマトが嫌いでも、この時は食べられたという子どももいるほどである。

Ⅳ　おわりに

最近、メディア機器のめまぐるしい進歩によって、ウェブ上やアプリケーションで理科の実験をでき、生き物の様子を見たりすることができる。知りたい情報も、インターネットで検索すればすぐに手に入り、きれいな映像や写真も閲覧できる。しかし、そのような時代でも、実物・実体験に勝るものは無い。五感全てを刺激する「実際に」の大切さはいつの時代も変わらないのである。

市川　敦

5年生　夏の学校

鍛錬の力を育む自然と山登り

　5年生は長野県志賀高原で5泊6日の夏の学校を実施する。志賀高原には、志賀山・裏志賀山・横手山・笠岳といった2000m級の山々や、信州大学自然教育園・東館山高山植物園・四十八池・大沼池・田ノ原湿原・日本で一番標高の高い地に生息するゲンボタルが観察できる石の湯など、子ども達の鍛錬や自然観察に適した場所が数多くある。子ども達を鍛える山々と、活動を支える豊かな自然環境が宿舎周辺にある。

I　山登りと鍛錬

　5年生の夏の学校は登山がメインになる。成蹊小学校が大切にしている「たくましさ」につながる。5年生の夏の学校を目標に、低学年のときから遠足では山に登り、5年生の春の遠足では大塚山に登り、ハードな登りに耐える準備を進めてきた。服装や持ち物、水分の取り方なども、準備と経験を積み重ねてきている。

　志賀山や裏志賀山、笠岳への登山は、ただ長距離を歩くだけでなく、全身の力を使って登ったり、足元を確かめながら一歩一歩、慎重に進んだりしなくてはならない道がある。そのため、準備万端な子ども達であっても、出発前は、踏破できるのかと不安になり、弱

四十八池にて

音が漏れることもある。しかし、山から戻ると疲労した体の中に大きな達成感と満足感を抱くのだ。山登りという鍛錬が子ども達の自信になったポイントとして、まずは"困難さ"があげられる。多少の大変さが鍛錬には必要なのだ。急な登りや下りに注意をしながら、緊張感をもって進むことは、体はもちろんだが、心が鍛えられる場面となる。また、自分が休みたい時に休憩できるわけではなく、みんなに合わせる我慢も必要になる。もちろん教員は子どもの様子をみて休憩をとるが、一人一人に合わせることはできない。そのような困難を乗り越える力となるのは"友だち"の存在である。たわいない会話で元気づけれくれたり、自分が困っている時に、大きな声で担任に報告してくれる友達の姿は頼もしく感じるはずだ。さらに、鍛錬を後押ししてくれるのが"景色"である。山が開けたときや、頂上から見える雄大な景色は、自分の努力を認めてくれるような気分になる。頑張ってよかった、と思える景色である。困難さ・友だち・景色、これら3つが心と体を鍛えることにつながっている。

> **日記より抜粋**
> 実際に登ってみると、とても大変でした。登り道では、夜に雨が降ったからすべって、みんな転んだりもしていました。途中、手を使う所もありました。でも、山の上から見る景色は、とってもきれいでした。目の前に広がるきれいなコバルトブルーの大沼が、まるで景色でぼくに元気をあたえてくれるようでした。

山登り

II 自然の営みを感じて〜理科学習〜

志賀高原は、今から数万年前の噴火以降、火山活動は行われておわず、手つかずの自然が多く残されている。そのため、原生林・植生遷移、陰樹・陽樹、高山植物、植物の環境適応などが観察できる。また、湖沼群の周りでは、湿原植物を観察することもできる。自然を前に理科教員の説明を聞くと、確かな知識だけでなく、自然を見る目が養われる。また、厳しい環境に適した進化を遂げ生活している植物の姿を目の当たりにして、子ども達の心が動かされる。岩盤の上に根を張る木、根がぐにゃと曲った木、光合成をしなくても生きていける仕組みを持つ白いギンリョウソウ等を見て、強く思うことがあるのだ。『僕が夏の学校で一番心に深く残ったことは、木たちが協力して森を作っていたことです。雪の重さでもくじけずに、鍛え上げられてきた強さが見てわかりました。どんなことにも、負けずに生き生きとする姿がとても力強かったです。僕は、木のように南組も力強く、チームワークよくしていきたいです。』と、感想を書く子がいることからも子どもの変化がわかる。自然が語ることはないが、その姿と得た知識から、子ども達は心を豊かにしている。そして、自分たちの生活を考え直すきっかけとしている。

理科教員による説明

III おわりに

鍛錬の力は、山に登ったり、自然を学ぶプログラム以外からも養われている。その年によって多少の変化はあるが、浅間火山博物館に行ったり、ホテルの敷地内でスケッチをしたり、飯盒炊さんをしたり、キャンプファイヤー等も実施している。これらの活動の中で、友だちの優しさ、自分の振舞い方、気持ちを丁寧に伝えることの大切さを改めて学ぶことができる。また、自分の分担に責任を持って取り組むことや、友だちと協力する姿勢から、生活の場でも集団として支えあう仲間への気配りや自制心が鍛えられていくのだ。自然の、美しさ・厳しさ・知恵・力強さを身体で感じ、畏敬の念を抱く5年生の夏の学校である。

藤江真奈加

6年生　夏の学校

水泳訓練を通して心身を鍛える
～人生の糧となる大きな学びを～

I　はじめに

　海で2000mの遠泳を完泳すること、それが6年生にとって小学校最後の大きな挑戦となる夏の学校。決して個人では出来ないことが、集団であれば可能になる。そして、この共通体験は、生涯忘れることのない貴重な体験となる。

　海での夏の学校は、かつて4～6年生で行われていたが、現在は4年生と6年生で実施している。とはいえ、前者は主として、海浜学習を中心とした体験学習である。そのため、水泳訓練の集中的な指導と心身の鍛錬となると、後者の6年夏の学校のみとなっているのが現状だ。

II　2000m完泳目指して

　子ども達は、遠泳の完泳を目標に、6月からの夏期時間割で設けられる週5時間の水泳指導、放課後の時間を使って、長時間ゆったりと伸びのある泳ぎを習得していく。あるいは泳力に不安がある場合は、休日練習も行い、泳力と共に自信を養っていく。そして、小学校での6年間の水泳学

順下（日本泳法より）

習の総仕上げとして、遠泳の完泳を目指して千葉県の岩井海岸に向かう。そこでの5泊6日の宿泊学習の日程は、概ね下記のようになる。

18日（月）	移動 訓練	開校式・避難訓練 水泳訓練
19日（火）	訓練 訓練	水泳訓練班 ミーティング
20日（水）	訓練 訓練	水泳訓練 樽まわり
21日（木）	訓練 訓練	遠泳・水泳訓練 師範との交流会
22日（金）	訓練 訓練	水泳訓練・遠泳予備日 荷物整理
23日（土）	移動	閉校式 帰京

日程（2016年度のもの）

III　大自然（海）と鍛錬

　6年の夏の学校では、高校生の師範助手から大学生、社会人の総勢80名ほどからなる師範団と、ドクターの手厚いサポートのもとに行われる。このような支えのもと、子供たちの水泳訓練が行われる。海での水泳訓練は、プールの学習と違う点がある。まず第一に、プールよりも浮きやすいこと。プールで浮くのが難しかった子が、水面で大の字になって

浮き身

楽しく泳いでいる。また、顔をあげたままの平泳ぎも子どもたちにとって泳ぎやすい。

　第二に、海なので水は塩辛いし、大小様々な波があることである。子どもたちは泳いでいる時、場合によっては、海草や魚に手足が触れることもあり、驚く場合がある。海という広大な自然の中で、泳いでいる自分に気付くことになる。

　日々、師範とともに訓練に臨む子どもたち。日を追う毎に、海での泳ぎに慣れていく。そして、いよいよ遠泳にチャレンジ。スタート地点の浜では、仲間の声援を受け、いよいよ遠泳のスタート。子どもたちはゴールを目指して、仲間と共に一かき、一けりゆっくりとかいていく。周りでは卒業生である師範が常に見守り、励ましの声をかけてくれている。師範も、かつては自分が励まされていたことを思い出しながら。

　浜が見えてくると「あと少し、あと少し」と残っている力を振り絞り、頑張る子どもたち。そして、ついに完泳。仲間や教師たちの多くの拍手で迎えられ、達成感と充実感に満ちた瞬間である。子どもたちにとって一生の思い出となるだろう。

　5泊6日の宿泊学習。子どもたちは泳法だけでなく、先輩達との交流から母校愛、情熱など、様々なことを学んでいく。そして、「師範に憧れ、いつか自分も師範になりたい」「師範になって、この海に帰ってきたい」という憧れを抱き、日記や作文に綴る子も数多くいる。私は今後も、子どもたちが師範となって、後輩を教える伝統やつながりがいつまでも続くことを願っている。

Ⅳ　おわりに

　児童が書いた作文の題名に、本校の校歌2番の冒頭の言葉が多く見られた。「克己」、まさに「己に克つ！」ということ。人と比べるのではなく、自分をより良くしようと努力し（鍛練）、そのかつての自分を乗り越えることの素晴らしさを讃えるもの。自分のことは自分が一番よく分かっている。人は、苦しいことや面倒なことからつい逃げたり、避けたりしてしまう。何とか歯を食いしばって頑張ることの大切さを、「遠泳」を通して実感したことが、多く作文に綴られていた。同年齢の友達をはじめ異年齢の師範、教職員が共に心を一つにする体験。こうした「仲間」と共に得た「自信」は、今後の学校生活をはじめ、その後の人生にも大きな糧となることだろう。

隊列を組んだ美しい泳ぎ

徳田親弘

オーストラリア体験学習

オーストラリア体験学習

Ⅰ　成蹊小学校のオーストラリア体験学習

　本校のオーストラリア体験学習は、2010年度「創立100周年」記念事業の一環として始まった行事である。初年度の参加者は16名だったが、定員を参加希望者数が大きく上回るようになったため、2016年度から春期と夏期の2期制にし、さらに受け入れ校を2校に増やした。2017年度の6年生は68名が参加した行事となった（春期40名、夏期28名）。

　交流校のCaloundra Christian College校は、開始当初から成蹊小学校の子どもたちを受け入れている学校である。また、Caloundra City Private School校は、2016年度から受け入れ校として交流が始まった。両校とも、成蹊小学校の子どもたちをいつも温かく歓迎してくれている。そのような学校と交流ができとてもありがたいことである。

　本校のオーストラリア体験学習は、「体験学習」であり、決して「語学研修」ではない。英語"を"勉強する環境を望んでいるのではなく、英語"で"生活をする環境を子どもたちに体験してほしいとの思いから始まっている。これは10回目を迎えた今でも思いは変わらない。

　1年生の時から続いている本校の英語教育の成果を試す機会だとの思いを持って子どもたちは参加しているので、全ての取り組みに対して、とても積極的である。

出発前の様子

Ⅱ　出発前の準備

　オーストラリア体験学習は、単なる旅行ではない。オーストラリアに行って学ぶ意義をしっかりと理解してほしいとの思いから、出発の2ヶ月以上前から準備を始める。ただ、全員が参加する行事ではないので、休み時間を使って準備を進めていくことになる。

　まずは、「日本文化紹介」の準備を進めていく。「日本文化紹介」とは、成蹊小学校の子どもたちが、交流校の子どもたちの前で発表等をするものだ。交流校の授業を1時間いただき、日本や成蹊小学校の紹介をしたり、日本の遊びなどを説明して一緒に取り組んだりする。

　「日本文化紹介」の準備は、以下のような

ステップで進めていく。

まずは交流校でのグループに分かれて、何を紹介したいかを決める。グループのみんなで出し合った意見を、2つまたは3つに絞る。

それが決まれば、グループごとに集まり、日本文化紹介の進め方を考えていく。交流校の1クラスは約30人ほどなので、人数に合わせた構成も必要となる。誰が何をどの順番で言うのかを決めていく。

決定後は、各自で練習をして当日の流れをイメージする。必要であれば当日に使う道具などを持ち帰り練習することもある。その後再度グループごとに集まり、日本文化紹介の流れを全員で確認する。交流校の子どもや教室の様子も分からないので、子どもたちにとってはなかなかイメージするのは難しいことかもしれないが、当日のためにしっかりと準備を進めようとする気持ちが素晴らしい。

III 出発に向けて

「英語で生活を送ること」がこの体験学習の大きな目標であるので、子どもたちにはその意義をしっかりと伝えておきたい。そのために、保護者と子どもたちが集まる事前説明会や参加する子どもが休み時間に集合した時などに、子どもたちに対してオーストラリアで生活する上での心掛けを事あるごとに伝えている。また、これまで参加した子どもからのアンケートより、覚えておけばよかったフレーズをまとめた冊子を英語科で作成している。体験学習の参加者がこれを活用できるように、支援することも行なっている。

IV いよいよ出発

ここからは、「第8回夏期オーストラリア体験学習」に参加した2017年度6年生の様子を紹介したい。

7月29日土曜日、午後6時30分に成田空港第2ターミナルに集合した。緊張した面持ちの子どもたち28名は、カンタス航空61便に乗り、翌朝オーストラリア・クイーンズランド州にあるブリスベン国際空港に到着した。東京の蒸し暑さとは対照的に、南半球は冬である。と言っても、クイーンズランド州は、日中はTシャツでも過ごすことができる穏やかな気候である。朝晩は少し冷え込むので、手荷物に入れていた上着を羽織った。早朝に着くので、機内では早めに就寝した子がほとんどで、すっきりとした表情でオーストラリアの地に降り立った。

この日の午後にホストファミリーと会うことになっているが、その前に Australia Zoo に立ち寄った。オセアニアにしかいない動物もたくさんおり、楽しみにしていたカンガルーやコアラと触れ合うことができた。

園内で昼食をとってから、ホストファミリーの待つ Caloundra へ。ホストファミリー

ホストファミリーとともに

とは事前に連絡を取り合っている場合もあるが、初対面である。期待と不安でいっぱいの中、ホストファミリーとの顔合わせでは、こちらの緊張を和ませてくれるかのように、笑顔で握手やハグをしてくれる。子どもたちの緊張が消えていくのがすぐに分かる。今日から7日間ホームステイをしながら、現地の学校に通うことになる。

Ⅴ　現地の学校で感じること

我々引率教員は、本校の子どもたちがホストファミリーの家にいる間に、お世話になるホストファミリーの家に訪問するようにしている。基本的には交流校で学校生活を送る子どもたちの様子を引率教員は見ている。

初めてのホームステイ。翌日の朝に登校してきた子どもたちは、オーストラリアと日本との生活習慣の違いを感じているようだ。子どもの就寝時刻は早い。20時にはベッドに入るのが普通のようだ。また、水を大切にする文化が根付いているため、シャワーの時間も5分以内など、家庭内でのルールも決まっている。夕食や朝食の内容なども日本のものと違うようだ。出発前から子どもたちには話していたことではあるが、体験してみて違い

に気づくことはたくさんある。初日だけでも子どもたちは大きな経験をしているようだ。

学校の中では、本校の子ども1人に対して1人のバディがつく。バディが学校生活の手助けをしてくれる。初めはバッグを置く場所もトイレの位置も分からない。授業中に何をしたらいいのかも分からない時に、バディが一緒に過ごしてくれるのだ。成蹊小学校の子どもが学校生活を楽しく過ごすことができるのは、このバディの存在が非常に大きい。また、出発前に準備を重ねた日本文化紹介では、本校の児童は英語のみで説明をする。交流校の子どもたちは、その説明に耳を傾け、質問をしたり、アクティビティに参加したりする。

Ⅵ　異国の地で何を学ぶか

学校では見ることのできないホストファミリーとの生活の様子は、なるべく直接子どもたちから話を聞くようにしている。親元を離れ、異国の地で、子どもたちは何を考え、何を感じ、毎日を過ごしているか。7日間のホストファミリーとの生活や5日間の学校生活の中で、様々な感情が沸き起こっていることが成蹊小学校が大切にしている日記の内容からも窺い知ることができる。だんだんと気持ちに変化がみられるようになる。ある子の日記にはこう書かれていた。

> 実は、自分から話しかけることがあまりできていませんでした。なので、昨日お風呂に入りながら、私はなんのためにここに来たんだ、絶対に話しかけてコミュニケーションをとろうと決心しました。

オーストラリアの子どもとともに

自分がオーストラリアにやって来た目的を見つめ直す日記であった。翌日から何事にも積極的にやってみようとスイッチが入ったようだ。翌日の日記には、自らの意志で一歩踏み出したことへの喜びが記されていた。

Ⅶ　ホストファミリーとの別れ

　8月6日。7日間お世話になったホストファミリーとの別れの時が来た。学校への送り迎え、朝と夜の食事の準備や学校に持っていくランチやスナックの準備、洗濯や掃除など身の回りのお世話をしてくれたホストファミリー。子どもたちの健康や安全を第一に考えて、本当の家族のように接してくれたことは、「いつでも戻って来てね。」というホストファミリーの言葉から容易に想像できる。成蹊の子どもたちは、ホストファミリーともっと話したいことがあったであろう。もっとお礼を言いたかったであろう。これからもホストファミリーとの交流が長く続き、また再会してほしいと願っている。

ホストファミリーとの分かれ

Ⅷ　オーストラリア体験学習で学んだこと

　8月7日。成田空港に無事到着した。到着口を抜けると多くの方に迎えてもらった。家族の顔が見えると、子どもたちは笑顔で家族のもとに近づいて行った。

　前日の夜は、ブリスベンのホテルに宿泊した。夕食後にホテルにある広場に集まり、このオーストラリア体験学習で学んだことを一言ずつ発表した。

　学校やホームステイを通して人とのふれあいの大切さ、英語に対して意欲的に考えることができたこと、自分の親への感謝の気持ちなど、感じたことはたくさんあったようだ。

　この体験学習が実り多いものであったことが子どもたちの言葉からだけでなく、表情や態度からも伝わってきた。自信を持って過ごすことができた9日間であったようだ。

　余談だが、子どもたちとの雑談の中で、日本に帰ったら食べたいもので多く挙がったのは、「ごはんと味噌汁」。シンプルなメニューだが、自分が日本で育ったことを再確認できたのではないだろうか。

　オーストラリアでの体験は、子どもたちの一生の宝になることであろう。楽しかったことだけでなく、うまくいかなかったことや辛かったこともちろんあったことであろう。

　それらの全ての経験は、異文化体験を通して得ることができた大切な財産である。この経験が子どもたちを大きく成長させてくれると信じている。

　　　　　　　　　　　　　　永松啓治

日記指導

「こころの力」を育む日記指導

I 日記指導の意義

　本校では、一年生から六年生まで、継続的に日記指導を行っている。これは、創立以来現在に至るまで、伝統的に行われてきた教育活動である。

　では、本校で日記指導が大切に行われているのはなぜなのだろうか。まずは、日記指導の意義について、本校の刊行物から紐解いて探ってみよう。

1　開校時（1915年）

　小瀬松次郎が、開校1年目の教育活動を克明に記録した『成蹊小学校の一年間』の中で、日記指導について次のように記している。

> 　練習も工夫をすれば、色々な方面で為すことができる。吾が校では毎日日記を書かしているが、これもまた練習の生きた方法ではあるまいか。日記を書くということによって、思想をまとめることができる。一日の行為を反省することもできる。既習の文字や語句を、最も生命ある形において、反覆することもできる。（8月19日）

　これを読むと、開校時は、日記を書くことの教育的意義を、「自分の考えをまとめること、その日の行為を反省すること、学習した文字や語句を反復練習すること」と捉え、書く練習の一方法として毎日行っていたことがわかる。このことについて、中山文喜（本校元教諭）が、「成蹊教育」創刊号（1977年発行）の編集後記に、「日記を書くことが、子どもを導くための単なる方便や思い付きではないことを理解してほしいものである」と記しているが、それは、現在でも心に重く響いてくることばである。

2　1975年ごろ

　『創立60周年記念誌・成蹊小学校の教育』（1975年発行）には、日記指導の意味が次のように書かれている。

> ①教師が子どもを知る
> ②教師と子どもの交流
> ③生きた現実から学ぶ
> ④子どもどうしの交流
> ⑤学級集団づくりのために
> ⑥継続的に子どもの生活を知る
> ⑦個々の子どもに即時的に教育をする（物の見方、考え方、感じ方、行動のし方を育てる）
> ⑧文章表現指導にかかわって

　これには、日記指導は日記を書いた子どもだけでなく、それを読んだ教員や周囲の子どもにとっても有意義であると記されている。これは、日記を教員が読んで子どもの生活を知る、学級に紹介してみんなで話し合うという「生活綴方運動」の考え方に基づくものである。当時は日記指導を国語の授業の中でも

重点を置いて行っており、生活綴方的な指導が多かったという背景がうかがえる。現在では、社会的な変化によりプライバシーや個人情報保護の問題が重要視されるようになり、日記の公表についての判断は細心の注意と配慮をしながら行っている。

3　現在

2013、2014年に日記指導についてのアンケートを実施したが、現教員は日記指導の意味を次のように挙げている。

> ・赤ペンでのやりとりを通して、教員と子どもの心の繋がりが深まり、信頼関係を築くことができる
> ・教員が子どもの生活や考え方を知ることで、子どもの個性を知り、児童理解が深まる
> ・集中力、継続する力を鍛えることができる
> ・思ったことや考えたことを日記にまとめることで、考える習慣がつく
> ・一日の行動や思考をふり返ることにより、自分の考えを深めたり、自省する力がつく
> ・文章を書く力や表現力が高まる
> ・伝える力（コミュニケーション力）の基礎を身につけることができる
> ・互いの日記を読むことで、その子の考えやよさを学び、相互理解に役立つ

本校では、日記の指導内容に一定の方式やカリキュラムなどは存在しない。教員同士で指導の内容や方式について相談し合ったり、本校の刊行物や先輩教員の著書を読み研究を深め合ったりしながら日記指導を行っているのであるが、このように日記指導の意義について紐解いてみると、その根底は創立以来変わることなく今も受け継がれていることが分かる。

絵に描いて伝えよう1

絵に描いて伝えよう2

1年生の絵日記

Ⅱ　実際の日記指導

　入学した当初は、文字指導と並行して、伝えたいことを絵に描く、絵日記で表現するなどの段階を踏みながら、日記を書くことへと移行する。

　低学年の日記の内容は、休み時間に珍しい虫を見つけた、下校途中に何があったといった生活報告的なものが多い。見たこと、聞いたこと、感じたこと、考えたこと、思ったことなど、五感を駆使してとらえたことを自分の言葉で表現できるよう導いていく。低学年ならではの素朴な驚きや真剣な訴え、感性溢れる表現を読むと、思わず笑みがこぼれることもある。

　中学年になると、次第に見たものに対する感想や自分なりの意見など、内面から湧き出る思いについての記述が加わるようになる。一人ひとりの子どもの性格や個性が日記の表現に表れてくるようにもなる。教員は、日記を読むことで子どもの生活や考え・気もちを知り、それを受けとめ、個に即したものの見方や感じ方、考え方を赤ペン（返事）を通して指導していく。一人ひとりをよく知ることが、また、赤ペンの交流を通して築かれた教員と子どもの心の共鳴が、より良い授業づくりにも繋がる。

　赤ペンの書き方については、本校元教諭の亀村五郎が次のようにまとめている。

<新赤ぺん10か条>（1992年作成）
1　赤ペンを手に持って読む
2　生活を読む、表現を読む
3　子どもの顔を多い浮かべながら読む
4　ねらいをしぼる
5　話しかけの書き方で（個性を活かす）
6　子どもの名前を入れる
7　ほめる・認める・励ます
8　楽しく読めるように
9　例文を書く
10　書かない子どもにも書く

　高学年になると、記述の内容や対象がぐっと広範囲になり、次第に人や社会に対する客観的、批判的な内容が見受けられるようになる。また、高学年ならではの心の葛藤を日記の文面が教えてくれることも多い。

だれのおかげ
　　　　　　　　　　　　　　5年生

　このごろよく見かけて、ちょっとひどいなと思っていることがあります。今日も見かけました。それは、毎日、校内をそうじしてくださっている人に、全く何も言わないで通り過ぎていく人が多いことです。

　ぼくは、自分では、「ありがとうございます。」と言っているつもりです。そのせいか、何人かのおそうじをしてくださる人が、ぼくの顔を覚えてくれていて、とてもうれしいです。

　あいさつをして損なことは一つもなくて、むしろ、相手もぼくも両方とも気分がよくなれるのだから、会ったらあいさつぐらいしたらいいと思います。ぼくたちが毎日きれいな学校ですごすことができるのは、ぼくたちがそうじをして、さらにそうじをしてくださる人たちがいるからです。だから、お礼は言ったほうがいいです。

Ⅲ　日記指導で育まれるもの

　次の日記は、卒業間際に書かれたものである。自分を見つめる鋭い洞察力、豊かな表現力には目を見張るものがある。文面から、6年間日記を書き続けることは決して楽なことではなかったが、それを続けたことで成長し

た自分を確認し、新たな目標に向かって歩もうとしていることが伝わってくる。

6年生

　とうとう先生に読んでいただける最後の日記になってしまいました。6年間日記を書き続けてきて、ぼくは本当によかったと思います。
　日記を提出しなければならないので、いやいやながらやっと書いた日もあります。でも、日記を書かずにはいられない日もありました。これは書いておきたい、ということもありました。日記帳を机に置き、それをじっとみつめ、にらみあいをしているうちに、その日一日のことを思い出しました、考えました。そして、日記を書いてるうちに、一日の自分を反省することができました。日記を提出してしまうと、その日記が先生に読まれて、返ってくるのが楽しみでした。先生が書いてくださるあとがきが一番の楽しみでした。
　日記を書いていくうちに、ぼくは、だんだんと、まわりの人の生活に目を向けていくようになったと思います。もし日記を書いていなかったら、その日をふりかえるということをぜんぜんしていなかったでしょう。一つのことが終われば、反省もせず、この次の目標もたてないというふうになるでしょう。
　それと同じで、自然の変化も、よく観察するようになったと思います。さくらのつぼみがふくらんできた、とか、梅の花が咲いたなど、そんなことを日記に書くことによって、いろいろな考え方をするでしょう。もし、日記を書いていなかったら、花を見て、（ああ、梅の花が咲いているな）で終わりです。悪い時には、花が咲いていることもわからないかもしれません。
　母は、ぼくに、
「日記を書き始めてから、考え方もだんだん変わってきたしね、考える子どもになってきたわよ。」
と言います。
　日記を書いて、一日の自分の行動などをふりかえってみたりすると、自分自身で反省をしたりします。そうすると、日記を書くことによって、一日一日の生活を大切にしていることになるのです。勉強はもちろん大事、運動も大事、健康もすごく大事です。それと同じくらい大事なのが、生活です。生活はきちんとしていなくてはならないのです。
　先生のあとがきの中で、心に残ったものは、
・人間は、自分で自分をよくしようとしなければならない。
・真の素直とは、若者が自主的になること。
などです。
　先生がいつもおっしゃっていますが、やさしい心は大切です。ぼくは、自分の中に、そのやさしい心をどんどん作っていくつもりです。
　　　（『子どもをはげます赤ぺん《評語》の書き方』亀村五郎より）

　日記を書くとき、子どもたちは、一日の生活をふり返り、自分の心の動きを見つめる。その過程では様々な心の葛藤が生じ、そのできごとがあったときには気づかなかったことに気づくこともあるし、自省したことからより良い生活をつくろうとも考える。つまり、日記を書くことで、心と向き合い、自分で心を磨きながら、自らの意思で自分の生活を開拓しようとする「こころの力」も育んでいくのである。これは、成蹊小学校が目指す「心の教育」そのものであろう。本校の教育の中で、開校時から日記指導が大切に行われている所以は、ここにあるのである。
　時間的な制約がある中で、日記を読み赤ペンを書くことは容易なことではない。しかし、今日も、一人ひとりの「こころの力」の成長を確かめながら、子どもの心に寄り添う赤ペンを書いている。

中嶋知子

図書館

読書活動を支援し、自学自修の拠点を目指す「学校図書館」

I 本校の図書室の特色

1 歴史ある図書室

　昭和4年（1929）9月、小学校校舎内に開設された児童図書室は、昭和7年（1932）から図書館主任となった滑川道夫先生の力により、整備されていくこととなる。

　昭和23年（1948）3月に来校した、連合国総司令部民間情報教育局の第2代担当官バーネット（Paul J.Burnette）は、「これまでに見た中で"最高の学校図書館"が設置されている」と述べたという。また、昭和24年に「児童図書館」が独立した建物として開館し、翌25年に「図書館学習」が教科として開始された後は、全国各地から多くの視察があったとの記録が残されている。これらのことからも、本校独自の図書館学習、読書指導への関心の高さがうかがえる。戦前から長きにわたり、手本となるような図書館運営がなされてきたことは、本校の誇りである。

2 現在の図書室の概要

　2008年に完成した本館の1階に位置付けられている。6教室分の広さがあり、広くて明るい空間となっている。2階吹き抜けの空間にはパソコンコーナーも有し、こみちの授業でよく利用されている。子どもたちが学校にいる時間帯は常に開館しており、休み時間の個人利用のみならず、読書の授業をはじめ、さまざまな授業で活用されている。蔵書数は約30,000冊。小学校の図書室としては大規模である。

　資料収集管理、閲覧などの業務は、専任の司書教諭と学校司書の2名体制で行っている。図書室は、本が置いてあるだけでは機能しない。子どもと本を繋ぐためには、本を知り、子どもを知る「人」がいることが不可欠であるとの認識に立ち、2015年度から学校司書を採用し、専任司書教諭、学校司書の2名が常駐する体制が整った。これにより、読書環境及び図書館活動の二点において飛躍的に向上してきている。

3 子どもの日常に根ざした図書室

　読書支援　すべての学びの支えとなるのは「読む力」である。「読む力」を伸ばすことで、想像力や論理的に考える力が身に付くと考え

明るく開放的な室内

ている。1年生がはじめて図書室の本と出会う場所として、親しみやすく読み継がれた本を選んで排架した「本の庭」、「読み聞かせ」から「ひとり読み」への橋渡しとなる本を集めた「はじめのいっぽ」などのコーナーを設け、読む力を段階的につけていくためのサポートをしている。

　また、小学生のうちに読んでおきたい基本図書として、ブックリスト「読書の楽しみ」を配付している。低・中・高学年の発達段階に合わせて選んだ150冊は、子どもたちが本を選ぶ際の指針となっている。合わせて、読後の気づきを書きとめた読書記録冊子「読書の歩み」を配付している。司書教諭が丁寧に目を通し、共感したり励ましたりすることで、読書の習慣化を図っている。

ブックリスト・記録冊子

展示・イベント　子どもたちの生活の中に常に図書館が存在するよう、さまざまな仕掛けを行っている。例えば、本にまつわるクイズ、世界のなぞなぞ、クリスマスイベントなど、子どもたちが気軽に参加できる活動を企画し、よい本に触れるきっかけを提供している。普段あまり図書室を利用しない子どもたちも、企画には楽しく参加している様子がみられる。

　また、教師側から提供するだけでなく、子どもたち自身が培ってきた「伝える力」を図書館活動に活かす機会も積極的に設けるようにしている。展示コーナーに自分の好きな本を並べて紹介する「書店」を開店する企画などはその例である。年度初めの「図書室だより」で参加者を募ったところ、10組を超える参加希望があった。趣向を凝らしたコーナー作りは、それぞれの個性が発揮されていて見事である。紹介した本は、2週間の書店オープン期間中、大変よく借りられている。こうした活動が、他の子どもたちの読書意欲を感化していることを日々感じている。

児童による展示

Ⅱ　今後の展望―自学自修の拠点として

　学校図書館には「読書センター」「学習センター」「情報センター」の三つの役割がある。本校の図書室は、長らく読書センターとして発展してきたが、今後は、本を通して日々の疑問を解決したり、関心を満たしたりする「自学自修の拠点」としての機能を充実させていきたい。新聞のワークシートや、情報や思考を整理するツールを提供している「自学のたね」コーナーを充実させたり、各教科との連携をさらに深めたりしながら、探求的な学習を後押ししていきたいと考えている。

関口　薫

学校行事

楽しさと鍛錬の遠足

1　年2回の遠足（初めての遠足は井の頭公園）

　本校では年2回、春と秋に全校一斉の遠足を実施している。春の遠足と言えば、クラスや学年の交流を深める狙いで、動物園や大きな公園に出かけて行くのが一般的であるが、本校では夏の宿泊行時を実施するために、それに向けての前段階の足慣らしに、春の遠足がある。そのために当然、遠足は山登りがメインになるのが本校の特色になっている。ただし、1年生の春の遠足だけは入学直後であるために、6年生のお兄さんやお姉さんに引率されながら、本校の近くにある動物公園へ出かける。そのために、1年生がペアーを作り、6年生は一年生のお世話をしたり、遊んであげたりして、互いにコミュニケーションがとれる頃に春の遠足を迎えられるようにしている。そうすることでたいていの子は6年のお兄さん、お姉さんに慣れ親しむようになるが、もちろん、そう簡単に親密になれない子もいたりし、6年生にとっては、普段の鍛錬とは違う、気を遣う遠足になる。だが、それでも6年生にとって自分に可愛い弟や妹が出来るので、1年生同様に、井の頭公園の遠足は楽しみでしかたないのである。そんな6年生の日記を紹介する。

6年生の日記から
　今日は1年生と一緒に井の頭公園の動物園に行きました。9時に中央館前を出発して、1年生と手をつないでいました。私のパートナーはまなみちゃんという子です。私は話しかけませんでしたが、頭の中では、（まずは、学校楽しいか？と聞く、それから…）このような状態でした。
　西門を出て、Aさんの家の前を通り抜けました。その辺りから一列になって話しかけるチャンスだと思い、今まで考えていたこと、今ひらめいたいたこと、後ろの人が質問していたことなどを全部続けて問いかけました。全部答えてもらえなかったけど、問いかけてよかったと思います。だけと、先が困りました。言うことがなにもなくなってしまったからです。Bさんも来て「何か話してあげたら？」と言われました。何を質問しようか迷っているうちに公園に着いてしまってあきらめました。
　「これから班行動してよし。」と言うことを聞いて、嬉しくなりました。また、二人だけのチャンスがくるからです。予想通りアライグマやゾウを見ていくうちに会話も多くなりました。なかでもモルモットが気に入ったようで、「好きなの。」と聞くと「うん」とうなずくだけでした。でも21日と比べたら、相当親しみ深かったです。
　お弁当、帰りの時はふつうにこれ以上仲良くはなれなかったんですが、運動会では、まなみちゃんと一緒におどると思うので楽しみにしています。

1・6年生遠足

この1年生との遠足のために、6年生はパートナーの好きなお菓子を用意してあげたり、日記にもあるように一年生のリクエストに応えて、好きな動物を見て回ったり、動物が見えなければ肩車をしてあげたり、おんぶしてあげたりする。すると園内を一周する頃には、1年生はお兄さんやお姉さんが大好きになるのである。その姿を見て、自分も6年生になったら優しいお兄さんやお姉さんになりたい、というあこがれとその思いが、初めてこの春の遠足で芽生えるのである。1年生は井の頭公園の遠足でより6年生と親密になり、学校生活を楽しめるようになり、そして6年生は、最上級生としての自覚がこの春の遠足で芽吹くのである。

鍛錬遠足

II 開校当時の遠足

中村春二は「鍛錬的教育」の重要さを提唱され「凝念」や「心力歌」、その他「鍛錬的行事」などによってそれらを具体化された。その一つが「遠足」である。

開校当時は「遠足の場を通じて、自然に取り囲まれ躍動することで、身も心も鍛えるもの」として、天気の悪い日以外、毎日、学校周辺を4～5km位を歩かせ足腰を鍛えさせたのが本校での遠足の始まりであった。その後、1937（昭和12年）には、電車を利用して全校生徒引き連れて鎌倉まで大遠足を組むようにもなった。昭和16年の秋には、本校初の鍛錬目的の全校一斉の「鍛錬遠足」を実施している。目的地は、村山貯水池で1年生の12kmのコースから6年生の28kmを歩くコースがあった。まさに、この時から全校で本格的に「しっかり歩かせる」遠足が、本校で始まったのである。

III 現在の学年遠足

今は全校で同一の場所への鍛錬遠足は無くなったが、それでも近年まで2～3年生の遠足といえば、学校から都立小金井公園まで歩いて行く遠足も実施していた。そして、現在のように青梅丘陵、高水三山、景信山、明王峠など、高尾や奥多摩の山々へ遠足で行くようになったのは、昭和51年の秋の遠足からであった。

1年～3年生は、6月や7月に実施する箱根での宿泊行事である夏の学校で、箱根寮の近くにある駒ヶ岳、屏風山、浅間山、金時山など高い山々を約3～4時間かけて上り下り

する。そのために、その下準備として、春と秋の遠足ではこれらの山と同じぐらい高い、高尾山とその周辺の山々に挑戦し、体力作りとケガをしない正しい山道の登り下りの仕方や、歩き方を学んでいく。また、コースの取り方によっては高尾の自然教室を意識させながら遠足を実施する学年もあれば、山のわき水や川で水遊びをして帰る学年と、その年の学年によって行きと帰り道を変えたり、またその年の子どもたちの体力や山の様子に合わせてコースなども変更する。低学年は、ただ「鍛錬」目的だけの遠足ではなく、「楽しさ」もプラスしたのが低学年遠足の特徴である。

　高学年になると、夏の学校は志賀高原で実施する。ここは、志賀山、横手山、笠岳などの山々があり、標高も2000メートルを超える。その上、斜面も急な山道を登るので、春・秋の遠足では、志賀高原の山と匹敵する奥多摩の山々に挑戦する。

　高学年になると歩く時間も3、4年生よりより長くなり、5時間以上も歩く。途中くじけそうになる斜面もあるが、頂上に立った時の達成感と、眼下に見える景色を見下ろしながら食べるお弁当のおいしさで、子ども達の疲れはそこでリセットされ、同時に達成感と満足感がチャージされる。

成蹊小学校　遠足　実施コース例

学年	季節	遠足候補地
1年	春	井の頭公園（学校から6年生と徒歩）2km・40分
	秋	小金井公園（学校から徒歩）5km・1時間20分
2年	春	高尾山山頂（行きはケーブルカーを使用）標高差130m（下り400m）・6km・2時間30分
	秋	宮ノ平駅〜稲荷神社〜天狗岩〜赤ぼっこ〜旧二ツ塚峠〜天祖神社〜青梅駅
		標高差170m・11km・3時間30分
3年	春	高尾駅〜裏高尾〜蛇滝コース〜4号路〜高尾山山頂〜稲荷山コース〜高尾山口駅
		標高差430m・9km・4時間
	秋	相模湖駅〜東海自然歩道〜小仏城山〜高尾山山頂〜山頂駅（ケーブルカー）〜高尾山口駅
		標高差470m・9km・4時間
4年	春	軍畑駅〜青梅丘陵（榎峠〜名郷峠〜41番鉄塔〜矢倉台〜青梅駅
		標高差250m・9km・4時間30分
	秋	軍畑駅〜高水三山〜御嶽駅
		標高差540m・9km・3時間50分
5年	春	古里駅〜大塚山〜御岳山裏参道〜鳩ノ巣駅
		標高差650m・11km・4時間50分
	秋	相模湖駅〜小仏峠〜景信山〜底沢峠〜相模湖駅
		標高差550m・10km・4時間50分

低学年遠足

御岳山頂上での君

6年	春	行き	学校から1年生と井の頭公園
		帰り	井の頭公園で解散
	秋		藤野駅〜一の尾根〜陣馬山〜明王峠〜矢の音〜相模湖駅
			標高差 680m・12km・4時間50分

　これらの「達成感」と「満足感」は、春・夏の遠足や夏の学校で、数多くの山々に挑戦し、そこで忍耐力を養ってきたからこそ、本校の子どもたちは「達成感」と「満足感」を数多く得ることができるのである。その数はどの学校の子どもたちよりも圧倒的に多いからこそ、途中での、辛さや苦しさに潰されそうになっても、それに耐え、どの学年の子どもも確実に頂上を目指していけるのである。まさに、中村春二が実行された「鍛錬教育」の成果によって成し得られた結果である。どの学年を受け持っても、登山後の日記を読むと、子どもたちの日記の最後は「大変だったけど楽しかった」で締めくくる日記が多いこともあげられる。ここで高尾山より高い陣馬山に登った時の4年生の日記を紹介する。

4年生の日記から
　今日は秋の遠足です。僕たち4年生は陣馬山という山に登りました。待ち合わせの場所は相模湖駅のホームに午前8時40分です。僕は駅で立ちぱなしでした。着いてから集合して時間になったら陣馬山に登りに行きました。そこまではちょっと歩きました。そして、次にはびっくりするような高い歩道橋があったので僕は（こんなの登るの）と思いました。しかも階段だったのでひざが痛くなってしまいました。（この先、大丈夫かな。）と思いました。その後から地獄でした。けっこうな急な坂道がジグザクにあって、一直線で、急な所はすごく急でした。そして、一回目の休けいをしました。そこから相模湖が見えました。けど、水が緑色ににごっていました。僕はいつもこうなのかと思いました。しばらく歩いているとサト先が「もう少しで平だよ」と言ったので、その後の急な坂も、ぐんぐん登っていきました。その後も、下り坂や上り坂がはげしかったので、へとへとなってしまいました。それから最後の休憩です。そこからは富士山が見えました。その時南組が一番後ろで、東組が一番前でした。そして、登って行くと僕は馬詰君と長沼君の先頭に追いついてしまいました。そのまま登っていき頂上に着きました。僕は（やっと着いた。けっこう大変だったな。）と思いました。
　30分間お昼ご飯を食べました。それから行き来た道を下りました。その時が大変でした。一回目までの休けいまではほとんど平だったから、よかったけれど、そこから先は急な下り坂だったので、つま先がおされて、つめが痛くなってしまいました。そしてジグザクの急な下りを下るとき、田中君がすべって一段したのところまで、滑ってしまいました。それから、駅に着いて解散しました。
　今回の遠足は水をガバガバ飲んだので水が足りませんでした。僕は（つかれたけれど楽しかった）と思いました。

　高学年の遠足になると、気持ちを奮い立たせる場面が増え、乗り越える場面が多くなり、それらが多くのしかかってくるのだが、苦労した分の達成感は、どの学年の遠足よりたくさん味わえるのが本校の遠足である。

佐藤正信

大塚山、御岳山登山

凝念・心力歌

自学自習をめざして
～「凝念」と「心力歌」を主体的に学ぶ～

I 作法としての「凝念」

　凝念は、創立者中村春二が、岡田式静座法の型に坐禅の精神を加えたもので、種々の精神集中法のうち最も効果のあるものとして編み出された作法である。成蹊小学校では、心を集中させること、切り替えるための作法として大正四年から百年以上指導してきている。
　はじめに凝念の作法を紹介する。

①腰を深くかけ、両足の裏を床につけ、背筋を伸ばし、椅子の後ろによりかからないようにする。首筋を伸ばし、顎を引き、肩の力を抜いて、顔を正面に向ける。
②鐘（または拍手）の合図で、膝の上の手を重ねて、左右の親指を合わせ、手の平のところに卵型の隙間ができるようにする。次に、この組んだ手を、臍のあたりに引き上げて、軽く抑え、目を静かに閉じる。
③体を動かさず、じっと心を落ち着け、静かに息をする。心の落ち着かないときは、自分の吸う息、吐く息を、静かに数えるとよい。
④おわりの鐘（または拍手）を聞いてから、静かに目を開き、凝念の心を持ち続けながら、手を膝の上に戻して終わる。
（成蹊小学校児童手帳より）

II 「凝念」が生み出す環境

　私たちの毎日は、騒音に満ち、いろいろな強い刺激に取り囲まれていて、気を散らすものがあまりにも多い。このような環境の中で心を落ち着け、集中し、コツコツと辛抱強く勉強することは、極めて困難であろう。
　ところが子どもたちと凝念をしていると、やがてざわついていた空間に静寂が訪れる。こんな静かな時間が学校生活にあったのかと思うほどである。その時の心の平らさと素直さ、凝念によってもたらされるこのような心の状態こそ、理想的な学習の構えだと考える。
　凝念の前に、子どもたちに呼吸を意識するように促すことがある。それは当然、精神の集中力と持続力をもたらすためであるが、一方、いち早く自分の内面に目を向けさせ、自己と対面させることを促すためでもある。
　近年、多くの場面で「目を瞑る」や「呼吸を意識する」などという動作が取り入れられていることに気づく。
　一つ目はメンタルトレーニングである。スポーツ選手に欠かせない心技体の「心」を鍛

教師と子どもが共に実践する凝念

えるメンタルトレーニングに注目が集められており、トレーニングの中に集中力やイメージ力を高める方法として位置づけられている。

二つ目が、マインドフルネスである。これは「瞑想中の雑念に気づき、それを可能な限り排除し、今呼吸している自分だけに意識を戻す」トレーニングをいい、日常生活から企業向けまであらゆる場面で用いられている。

凝念はこれらに相通じるものがあり、中村春二の提唱によって理に適ったことが長年にわたって行われてきたといえるのである。

III　心の門を開く「凝念」

中村春二は「自学自習」を身に付けることが大切だと考えていた。そのためには「落ち着いた環境」を外に求めるのではなく、「自分で自分を落ち着かせなさい」と主張している。

どのようにいい教え方、教材があっても、子ども自身がそれを受け入れる心の準備（心の門）がなければ意味はない。どのように先生が熱心に働きかけても、子どもに受け入れる準備ができていなければ教育は徹底できない。

このことと凝念が結びついている。凝念によって生まれる心の集中と、指導を受け入れるに適した状態を「心の門が開かれる」と中村春二は表現している。「自分で自分の心を静かにさせる」「自分で真面目さを引き出す」〜そのための凝念なのである。

"力の泉は我にあり"という言葉が心力歌第八章にあるが、その力は、人にもらうものではなく、自学自習の精神を動作に表したものが凝念なのである。

IV　心の力を育てる「凝念」

凝念は卒業生である私にとって学校生活の一部であった。そして、いざという時の心の支えになってくれていたような気がする。

凝念は、始業式・終業式・朝の会・食事の前後だけでなく、日常の生活や授業の中でも短時間であるが頻繁に行われ、凝念を、学校生活のごく自然の行いとして受け止めていた。

中でも一番印象に残っているのが6年夏の学校の遠泳の前である。全員で海に向かって砂浜の上で凝念を行った。静寂の中、波の打ち寄せてくる音だけが聴こえる状態になり、「これからこの海で泳ぐのか」「必ず泳ぎきるぞ」と、これから起こる大きな試練に立ち向かうという奮起する気持ちが不安な中にも芽生えてくる。そして、集中して遠泳に挑むことができたのだった。また、この時仲間とともに凝念をしたことで「仲間とともに完泳するぞ」という気持ちが溢れ、連帯感を感じる瞬間だったことを覚えている。

普段の学校生活にも欠かせない凝念であるが、夏の学校の凝念は、「頼るものは先生そして友だちだけ」「家には帰れない」〜この

遠泳前の六年生と水泳師範の凝念

孤独感や恐怖感が日々の環境とは違うと自覚しながらも、凝念で頭の切り替えをすることができ、また連帯感を生むことにもつながる。

つまり、凝念とは、たくましい心の力を育てる大きな要因の一つといえるだろう。

> 知らず知らずに頭脳に沁み込んで、数年又十数年数十年後、何等かの尊いヒントを与えないとも限りません。…ことに小児時代は凡ての考えの芽ぐむ時ですから、この時代に心の尊い力を知らせて置くことが最も親切な方法と私は信じております。

Ⅴ　自らの尊い心を謳う「心力歌」

凝念と心力歌を切り離すことはできない。

凝念は1912（明治45）年、成蹊実務学校開校の4月に導入され、心力歌も翌年の1913（大正2）年に学園幹事小林一郎によって全八章が完成し、凝念法実施後に心力歌を朗誦することとなった。そして成蹊小学校開校の1915（大正4）年からは、実務学校の生徒とともに、小学生も講堂で凝念の静座と心力歌の朗誦を体験する機会を得たのである。

心力歌は「心の力」ともいう。第一章の『天高うして日月懸り、地厚うして山河横たはる。』に始まる心力歌は、漢文調の名文で構成され、心の働きの素晴らしさと、心の力を修養によって発揮させることの大切さが謳われており、まさに人間讃歌のテキストである。

現在でも、一年こみち科で心力歌の唱え方を学ぶ。平仮名書きプリントを見て、1919（大正8）年にレコード化された中村春二の肉声録音を聴きながら、漢文調の言い回しを知り、抑揚とリズムを学び取るのであるが、子どもたちには内容の理解はなかなか難しい。これについては、中村春二本人の次のような言葉が遺されている。

> 麓の道（抜粋）＜大正11年11月20日＞
> 「心力歌」は小学校には難し過ぎるのは論のないことです。…又無意識に誦している文句が

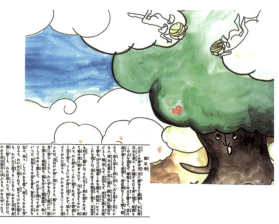

心力歌絵本と第五章部分

Ⅵ　仲間と相和して朗誦する「心力歌」

成蹊小学校では、中村春二の命日（二月・枯林忌）に、創立者に感謝する行事として、凝念とともに心力歌を唱える。高学年音楽科では、二年間をかけて前出の中村春二肉声による心力歌を聴き、八章全体の意味に触れる学習を体験する。さらに、低学年美術科では心力歌の絵本を作成した。心力歌の意味を子どもたちに感じてほしいと願っての試みである。

いずれの学年でも、心力歌にふれる機会は多い。かつては、凝念と心力歌を主体的に学ぶ場として「凝念の会」も設けられた。毎月一回体育館アリーナに希望者が参集しての行事であるが、次のような日記が残されている。

「ぎょうねんの会に参加して」
　今日、ぎょうねんの会があった。いつもより、来た人が多かった。ぎょうねんをしていると中、前は、一人がせきをすると、たくさんの人がせきをしてうるさかったけど、このごろ、しずかになって、おちついてぎょうねんができるようになった。ぼくは、このぎょうねんがおわってから、二十分がいつもみたいにみじかいと感じた。
　ぼくは、おかあさまにしかられたり、友だちにへんなことをいわれたりして、気がムシャクシャしているときに、マンガを読むとふつうにもどるけど、ぎょうねんはもっと早くもとにもどる。
　ぎょうねんがおわったあと、心の力第一しょうを、集まった人全いんで声をあわせて読んだ。おわってから、「心の力、第一しょう、ただ六尺の肉身に限らるるわが心ならず。ただ、五十年の生涯に尽きぬべきわが心ならず。」と書いてある紙をもらった。
　このことばのいみは、心というものは、広くて、一か所だけではなくどこまでも行くことができる。五十年の一生がおわっても、心はもっと長く生きるということだそうだ。
　これからはずうっとぎょうねんの会に出て、心の力を強くしたいと思っている。

VII　時を越え主体的に学ぶ「心力歌」

　Vの中村春二に呼応するエピソードとして、早稲田大学元総長西原春夫氏の成蹊会会報寄稿文「心力歌と私」の概要を紹介する。
　■昭和40年代半ばの大学紛争。当時法学部長補佐西原氏は、大規模団交に出席せざるを得ない状況に立ち至った。■猛威をふるう紛争に西原氏の苦悩も深まる。心力歌の世界に迷いを感じつつも、西原氏は第五章を読み返し、ある文言に心惹かれた。■「夫れ心よく物を制すれば、敢て物の為に制せられず。…戟をとりて我に迫るも、我徐に之を迎ふれば、刃は我が身に加はるとも、絶えて我が血に染むことなし。」■（いかなる不幸に直面しても、泰然と立ち向かう人間の心の力の強さ）を謳っていることに改めて心開かされた。■これに救われた西原氏が、連れ出しに来る学生を悠然と待っていると、職員が「セクト集団が、夕べのうちに全員早大から姿を消した」と報告した。（成蹊会報58号・1983（昭和58）年発行）

　成蹊小学校卒業生西原氏は、「意味もわからず読んでいるうちに、それはいつしか私の人格の深層に喰いこみ、精神構造の根底を確実に形成していったのだということを、何と二十数年経ったのちになってやっと覚ったのである。」と記した。
　まさに時を越えた主体的な学びであった。さらに時を経て、美術科絵本でも心力歌第五章を採り上げたことに心惹かれる。

教室での心力歌暗誦

金納善明・外山亜耶

おわりに

　この度『たくましい実践力が「深い学び」をつくる～成蹊小学校の教育～』を出版する機会を得る事ができ、教職員一同大層喜びを感じている。そして、全員執筆でこの書籍が出来上がったことにも大きな意義があると捉えている。と同時に、教師一人ひとりがさらに研鑽を積み重ね、子どもたちの学習がより深い学びに繋がる指導力や指導技術を一層身に付けていかなければならないと感じる次第である。とても身の引き締まる思いだ。

　本校は、まもなく創立103年目を迎えようとしている。創立以来、個性を尊重し、鍛錬を重視した教育を実践する中で、何事にも自奮自励の精神を持って自主的に学ぶ習慣を確立することを特色にしてきた。その習慣を確立する為に、創立者の中村春二は、「心の力の重要性」を大事にされてきた。

　「凝念」という成蹊独自の瞑想法を考案し、「落ち着いた集中力の強い心」を得られるようしたのだ。今でも朝会、朝の会・帰りの会、授業や給食の開始時などにそれを行っている。凝念を行うことで、物事にとりかかるのに、ためらいがなく向かい合うことができるのだ。

　また、創立者は「心力歌」という「一人ひとりが持っている精神力＝心の力の尊さ」とそれを養うことで得られる境地について歌ったものを作成した。それを唱えることで、自然と尊い心の存在に気づかせることを大事にされてきた。今でもこれを朝の会等で唱えている。

　私学は、それぞれに建学の精神を持ち、教育の独自性を礎にしながら、子どもの個性を尊重し、確かな指導力で教育活動を推進している。今後も本校の教育理念を大切にしながら、伝統的な教育活動をさらに充実させていきたい。とともに、各教科内容に一層の創意工夫を加え、たくましい実践力を追究し、児童の実態に即した「深い学び」をつくる教育課程を編成していきたいと考えている。

　中村春二は、「教育は常に10年先、20年先を考えて行わなければならない」と常々語っておられた。私たち成蹊小学校教員一同「温故知新」の如く、今後も成蹊教育の伝統を継承をしつつも、この先の時代の変化を柔軟に受け止め、時には積極的な姿勢で伝統を超克し、時代に即した教育課程の改訂を推進していきたいと考えている。

宮下　浩

心の力

※文字は成蹊実務学校発行［一九一五（大正四）年］の『心の力』を原典とし、読みは中村春二先生肉声録音のものに拠った。

心の力は、成蹊学園創立者中村春二先生が一九一三（大正二）年、当時成蹊実務学校の教師であった小林一郎氏に依頼してつくられたものである。

成蹊学園の各校の学生、生徒および教職員は凝念の際、これを唱和し心の糧とした。また、卒業生は多かれ少なかれその影響をうけ、人生の指針とした。校歌にある「心力歌」はこれである。

第一章

天高うして日月懸り、地厚うして山河横はる。日に風に音あり、鳥に聲あり。此の中に生を托したる、至大至剛はこれ心力、至玄至妙はこれ心靈。ただ此の心あるが故に、我人は至上至尊なり。

夫れ眼前の小天地は、離合聚散常ならず。我と我が身とところと、此の中にのみ限るものは、天なる日月の精を見ず、地なる山河の靈を知らず。其の精と靈とを鍾めたる、我が尊き我人にこの心あり。

至大至剛、至玄至妙はこれ心靈。

人無くして夫れ何の天ぞ、人無くして夫れ何の地ぞ。人の心の妙なるや、以て天地に參ずべし。燦たる彼の月と日と、峨々たる山、漫々たる河を我が心に通ふ。我が心の遠く翔るや、能く山を凌ぎ、能く日月を貫くべし。

月の精、山河の靈、鍾まりて我が心に在り。高き天と、厚き地と、人と對して三となる。人無くして夫れ何の天ぞ、人無くして夫れ何の地ぞ。人の心の妙なるや、以て鬼神を動すべし。

我が心の凝りて動くや、以て天地に參ずべし。燦たる彼の月と日とるものは、天なる日月の精を見、地なる山河の靈を我と悟らず。眼にさへぎる影を拂へ、耳に塞がる塵を去れ。其の影消え、その塵絶え、湛然として淵の如くば、彼の小天地て鏡の如く、昨日の我を外にして、至上至尊の我に限られし、あるを知らむ。心ならず。見よ、雲に色あり、花に香あり、聞け、心ならず。

成蹊小学校　教職員一覧　（2017年度）

【小学校教員】

大場　　繁（学校長）	関根　祐孝
金納　善明（校長顧問）	高野さやか
宮下　　浩（教頭）	寺井　久代
赤池　洋一	徳田　親弘
秋山　聡美	外山　亜耶
荒木　　智	中川　恵美
井田　聡子	中嶋　知子
市川　　敦	永野　　徹
内川　　健	永松　啓治
梅田　　奏	新美　正樹
大久保遥峰	野上　零大
岡崎　啓子	林　　久博
荻野　　雅	林田　真治
尾崎　伸宏	原口　洋平
川田　　豪	廣瀬大二郎
木下　英樹	藤江真奈加
倉内　祐子	矢島　清子
栗原亜里紗	山口　梨恵
佐藤　正信	山本　剛大
鈴木　宏明	横田　誠仁
関口　　薫	

【成蹊学園国際教育センター所員】

ドーソン静香

【編集委員】

内川　健　　尾崎伸宏　　野上零大　　廣瀬大二郎

たくましい実践力が「深い学び」をつくる
成蹊小学校の教育

平成30年（2018年）2月23日　初版第1刷発行
令和 6 年（2024年）6月14日　初版第4刷発行

編著者：成蹊小学校
発行者：錦織圭之介
発行所：株式会社東洋館出版社
　　　　〒101-0054　東京都千代田区神田錦町2丁目9番1号
　　　　　　　　　　　　　　　　　　コンフォール安田ビル2階
　　　代　表　TEL：03-6778-4343
　　　　　　　FAX：03-5281-8091
　　　営業部　TEL：03-6778-7278
　　　　　　　FAX：03-5281-8092
　　　振替　00180-7-96823
　　　URL　https://www.toyokan.co.jp
装　丁：中濱健治

ISBN 978-4-491-03475-1　Printed in Japan

JCOPY　＜(社)出版者著作権管理機構 委託出版物＞
本書の無断複写は著作権法上での例外を除き禁じられています。複写される場合は，そのつど事前に，(社)出版者著作権管理機構（電話 03-3513-6969, FAX 03-3513-6979, e-mail：info@jcopy.or.jp）の許諾を得てください。